Hauptkommissar Toppe und seine Kollegen kennen einige Kandidaten, die einen Grund gehabt hätten, den halbseidenen Unternehmer Geldek umzubringen. Während das KK 11 in Kleve am Mordfall Geldek arbeitet, gräbt Toppe in der Vergangenheit und stößt auf eine immer noch ungeklärte Entführung, in die der ermittelnde Staatsanwalt verwickelt war. Und er findet heraus, dass die beiden Fälle etwas miteinander zu tun haben ...

Hiltrud Leenders, geboren 1955 am Niederrhein, arbeitete zunächst als Übersetzerin und hat sich später einen Namen als Lyrikerin gemacht. Sie ist Mutter von zwei Söhnen und seit 1990 hauptberuflich Schriftstellerin.

Michael Bay, geboren 1955 in Rheine, arbeitet als Diplompsychologe und Psychotherapeut. Er ist verheiratet und hat drei Kinder.

Artur Leenders, geboren 1954 in Meerbusch, arbeitet als Unfallchirurg in Kalkar. Seit über zwanzig Jahren ist er mit Hiltrud Leenders verheiratet und Vater der beiden Jungen.

Hiltrud Leenders / Michael Bay /
Artur Leenders

Augenzeugen

Roman

Rowohlt Taschenbuch Verlag

3. Auflage Dezember 2002

Originalausgabe
Veröffentlicht im Rowohlt Taschenbuch Verlag
GmbH, Reinbek bei Hamburg, November 2002
Copyright © 2002 by Rowohlt Taschenbuch Verlag
GmbH, Reinbek bei Hamburg
Umschlaggestaltung any.way, Andreas Pufal
(Foto: photonica)
Satz Bembo PostScript, PageOne
Gesamtherstellung Clausen & Bosse, Leck
Printed in Germany
ISBN 3 499 23281 2

Die Schreibweise entspricht den Regeln
der neuen Rechtschreibung.

Der Zebrastreifen ...
Er spürt das Auto, bevor er es sieht.
Aber sie schiebt den Kinderwagen beschwingt auf die Straße, ihren lächelnden Blick auf das kleine Gesicht geheftet.
Kein Bremsenquietschen, keine gellenden Schreie.
In Totenstille wird der Kinderwagen vom Kühler erfasst und hochgeschleudert.
Sie lässt ihn nicht los, klammert sich fest.
Das Baby, ihr Baby, wirbelt durch die Luft wie toll.
Totenstille. Nur ihre aufgerissenen Augen, als sie auf die Straße schlägt und der schwarze Reifen über ihren Kopf rollt.
Der Wagen verschwindet um die Ecke, kein Bremsenquietschen, keine gellenden Schreie.
Vor seinen Füßen ein blutiges Bündel ohne Gesicht – sein Kind.

Eins «Sie wissen doch bestimmt, wer das ist», meinte Look, der Kollege von der Schutzpolizei, mit gewitztem Blick.

Helmut Toppe, Leiter der Klever Mordkommission, nickte – er hatte das Opfer gleich erkannt. Langsam ging er neben dem Toten in die Hocke und legte ihm die Fingerspitzen an den Hals – warm.

«Ja, lang ist der noch nicht hinüber», sagte Look. «Der Doktor hat es noch versucht, aber da war wohl nix mehr drin. Der war übrigens eher hier wie wir, der Doktor, und er wartet da vorne.»

Toppe kam wieder auf die Beine und sah auf die Uhr: 16 Uhr 25. Der Notarzt stand beim Brückenpfeiler und sprach mit den beiden Rettungssanitätern.

«Hat der Arzt ihn aus dem Auto geholt?»

«Nee, nee, der lag schon hier, sagt der Doktor, ziemlich genau da, wo er jetzt liegt.»

Toppe betrachtete das Autowrack, neben dessen offener Fahrertür der Tote im Staub lag.

Der Wagen war offensichtlich mit hoher Geschwindigkeit frontal gegen ein massives Absperrgitter geprallt.

Obwohl Toppe sicher Hunderte von Malen über die Emmericher Rheinbrücke gefahren war, hatte er diesen schmalen Weg aus groben Betonplatten nie bemerkt. Er verlief in einem leichten Bogen parallel zum Oraniendeich unter der Brückenauffahrt hindurch am Flussufer entlang, das jetzt, wo der Rhein Niedrigwasser hatte, mehr als hundert Meter entfernt war. Kurz bevor der Weg wieder zum Deich hinaufführte, bog ein kleiner Pfad scharf ab und lief geradeaus auf den Fluss zu. Der Pfad war gesperrt, und genau diese Absperrung hatte der Fahrer erwischt, obwohl sich rechts und links davon meilenweit flache, unbegrenzte Wiesen hinzogen.

Toppe runzelte die Stirn. «Wozu dient dieser Weg eigentlich?»

«Die Leute sagen Pontonstraße dazu», erklärte Look eifrig. «Ist eigentlich nur für Militär, dass die Pioniere hier eine Notbrücke bauen können, im Fall des Falles. Wird aber auch gern von Kennern benutzt, die keinen Bock haben, stundenlang oben an der Kreuzung zu stehen. Ah, gut», Look beschattete die Augen mit der Hand, «da sind ja auch endlich die Spurensicherung und Freund Norbert.»

Toppes Kollege Norbert van Appeldorn kam den Weg heruntergeschlakst, wie immer ohne Eile, hinter ihm der Mann vom Erkennungsdienst, Klaus van Gemmern, mit seinen beiden schwarzen Koffern.

Van Appeldorn und Toppe wechselten einen kurzen Blick. «Geldek», sagte Toppe und wies mit dem Kinn auf den Toten.

Norbert van Appeldorn bleckte die Zähne. «Na, guck mal an!» Er schaute sich gründlich um und schüttelte dann den Kopf. «Warum hast du uns eigentlich anrollen lassen?»

Eine zarte Röte kroch Look vom Hals hinauf in die

Wangen. «Gibt keine Zeugen, was hier passiert ist», haspelte er, wurde aber schnell wieder ruhig. «Ich weiß, es sieht wie ein Unfall aus. Hab ich ja auch erst gedacht. Obwohl, dann wär es doch wohl eher Selbstmord gewesen. Der ist von Griethausen her gekommen und musste ganz scharf nach links, wenn er das Gatter erwischen wollte, und groß gebremst hat er auch nicht. Aber dann hab ich was gefunden. Kommt mal mit.» Er führte sie acht, neun Meter vom Toten weg und zeigte ihnen eine dunkle Bremsspur. «Die ist eindeutig von einem anderen Auto, wenn man sich die Profile anguckt, und für mich sieht die frisch aus. Und dieser Wagen kam aus der Gegenrichtung, da oben vom Coprayer Hof runter.»

«Na ja», meinte van Appeldorn gedehnt, und auch Toppe schaute skeptisch. Look war kein schlechter Polizist, aber er war nicht unbedingt der hellste.

Dessen Blick wurde trotzig. «Und der Doktor hat auch noch was entdeckt.»

Der Notarzt war nicht mehr ganz jung und angenehm kompetent. «Um 15 Uhr 37 hat uns ein Passant benachrichtigt – Unfall auf der Pontonstraße –, und wir waren fünf, sechs Minuten später hier. Wir hatten's ja nicht weit. Der Mann lag neben der Fahrertür auf der Seite und hatte bereits keine Vitalfunktionen mehr. Wir haben trotzdem reanimiert, leider erfolglos.»

«Können Sie sagen, woran er gestorben ist?», wollte Toppe wissen, als sie sich beide über den Toten beugten.

«Nein, nicht mit Sicherheit. Der Mann hat zahlreiche Verletzungen, aber möglicherweise ist er einem Schädelhirntrauma erlegen. Sehen Sie hier.» Der Arzt deutete auf eine tiefe Wunde oberhalb der linken Schläfe des Toten. «Natürlich kann er sich diese Verletzung beim Aufprall zugezogen haben, vielleicht ist er aus dem Fahrzeug geschleudert worden. Da ist nur eine Sache ...»

Behutsam drehte er die linke Hand des Toten so, dass man die Außenfläche sehen konnte. Über alle vier Finger und den Handrücken zogen sich tiefe, blaurote Zahnabdrücke.

Van Appeldorn gab einen leisen Pfiff von sich. «Alle Achtung!»

Der Arzt lächelte ein bisschen verlegen. «Es kann natürlich sein, dass der Mann sich vor Schreck oder in Panik selbst in die Hand gebissen hat, aber das will mir nicht so recht in den Kopf.»

Toppes Kommentar dazu ging in lautem Bremsenquietschen unter, das von der Brücke her kam. Auch auf dem Deich hatten inzwischen Autos angehalten, und Neugierige versuchten, sich einen Reim zu machen auf das Bild, das sich ihnen bot.

«Wie wär's denn mal mit Absperren, Jungs?», rief van Appeldorn, aber Look telefonierte schon um Verstärkung.

Klaus van Gemmern, der die ganze Zeit unauffällig mit der Spurensicherung beschäftigt gewesen war, hatte offenbar gute Ohren. Er war jetzt dabei, dem Toten Plastiktüten über die Hände zu ziehen, damit keine möglichen Spuren verwischt wurden. Dann nahm er seine Kamera und machte, langsam die Leiche umrundend, weitere Aufnahmen. Sie sahen, wie er plötzlich innehielt und sich über die hintere Stoßstange des Unfallwagens beugte.

«Ist was?», rief van Appeldorn.

Van Gemmern drehte sich widerwillig um – er hasste es, wenn man ihn bei der Arbeit störte. «Weiß ich noch nicht. Lasst den Wagen einschleppen. Da gibt's was abzuklären. Ach ja, und sagt denen in der Pathologie, bevor die die Leiche waschen, erst die Hände! Man weiß ja nie, wer Dienst hat.»

Toppe nickte. «Ich wette, der legt wieder eine Nachtschicht ein», meinte er leise.

Van Appeldorn zuckte die Achseln. «Wenn man sonst nichts hat im Leben ... Ich wäre ihm aber durchaus dankbar, wenn er uns schnell was liefern würde, denn im Augenblick passt hier nichts so recht zusammen.» Der Wind wehte ihm das lange schwarze Haar in die Augen.

Helmut Toppe zündete sich eine Zigarette an. «Lass uns mal den ganzen Weg abgehen.»

Aber auch als sie eine halbe Stunde später wieder neben Toppes Auto standen, waren sie nicht schlauer geworden. Toppe gab die Kurzwahl für die Prosektur in Emmerich in sein Handy ein. «Ich rufe erst mal Arend an und frage, wann er die Sektion machen kann.»

Mit Arend Bonhoeffer, dem Chef der Pathologie, war er seit vielen Jahren befreundet, aber in den letzten Monaten hatten sie sich kaum gesehen. Bonhoeffer freute sich. «Dass du dich mal meldest! Ach so, beruflich. Nein, kein Problem, den kann ich mir gern noch heute vornehmen. Ich habe jetzt gleich allerdings noch einen Termin, hm, sagen wir gegen halb acht? Und komm doch selbst dazu. Vielleicht können wir hinterher noch ein Glas Wein zusammen trinken. Wann gebt ihr eigentlich endlich eine Einweihungsparty?»

«Wir sind doch noch gar nicht richtig zu Hause», antwortete Toppe säuerlich.

Van Appeldorn hatte währenddessen mit dem Bestatter telefoniert, der den Leichnam in die Prosektur bringen sollte. «Willst du bei der Obduktion dabei sein, oder soll ich dir das abnehmen?», fragte er und grinste frech – sie kannten ihre jeweiligen Schwächen.

Aber Toppe überraschte ihn. «Ich mach das schon. Du kannst inzwischen Geldeks Witwe benachrichtigen und rauskriegen, warum der hier unterwegs war.»

Van Appeldorn zog die Augenbrauen hoch. «Ich bin davon ausgegangen, dass du das übernimmst. Du kennst die Dame schließlich, ich nicht.»

«Eben drum.» Jetzt grinste Toppe. «Sollte Arend was Wichtiges finden, ruf ich dich an», sagte er und stieg ins Auto. «Ich denke, ich fahr nochmal kurz nach Hause.»

Im Schritttempo rollte er den Betonweg entlang und betrachtete den unruhigen Himmel, der nicht zu wissen schien, was er wollte – dunkelgraue und schneeweiße Wolkengetüme, dazwischen blaue Flecken mit dahineilenden Federwölkchen. Es war viel zu kühl für Anfang August, und den ganzen Tag waren kurze Schauer niedergegangen. Noch vor einer Woche waren es an die dreißig Grad gewesen, aber er hatte darüber nur geflucht und schwitzend mit Teppichrollen, Farbeimern und Möbelstücken gekämpft. Fast ihr ganzer Jahresurlaub war für den Umzug draufgegangen, Astrids und seiner.

An der Kreuzung hielt Toppe an und kurbelte das Fenster herunter. Der Rhein roch frisch, angenehm vertraut.

Sein wievielter Umzug war das nun gewesen? Er dachte an die verschiedenen Stationen seines Lebens und rechnete – der neunte –, und so, wie es aussah, der einzige, auf den er wirklich gern verzichtet hätte. Ob er sich in dem Reihenhaus in der spießigen Schröderstraße jemals zu Hause fühlen würde?

Endlich konnte er sich in den dichten Verkehr Richtung Kleve einfädeln.

Er dachte an ihre Wohngemeinschaft auf dem Bauernhof zurück, die sie hatten aufgeben müssen, und spürte einen Anflug von Wehmut. Die WG, die ihn in dieser Kleinstadt so in Verruf gebracht hatte: er zusammen mit seiner Geliebten Astrid Steendijk, mit seiner Ex-Frau Gabi und den beiden Söhnen. Helmut Toppe, der Casanova, der gleich zwei Frauen hatte. Tja ...

Als Gabi und er sich getrennt hatten, war er schon eine ganze Weile mit Astrid zusammen gewesen, die als Küken ins KK 11 gekommen war. Dass die beiden Frauen hinter seinem Rücken Freundinnen geworden waren, hatte ihn schockiert und verunsichert. Er hatte sich verraten gefühlt. Und als sie ihm dann auch noch stolz den Bauernhof präsentierten, den man günstig kaufen konnte, und mit der Wohngemeinschaftsidee gekommen waren – weil es doch viel besser war für die Kinder und überhaupt ein großes Abenteuer –, hatte er alle Stacheln aufgestellt. Und dann war es die beste Zeit seines Lebens geworden. Auch als Henry dazugekommen war, Gabis neuer Freund, und natürlich Katharina, die Tochter, die Astrid und er nur halb geplant in die Welt gesetzt hatten.

Nach der Kurve hinter Warbeyen tauchten plötzlich die

vertrauten Silhouetten der Schwanenburg und der Stiftskirche vor ihm auf, hoch oben auf dem Berg, der sich, wenn man vom Rhein her auf die Stadt zufuhr, ganz unvermittelt aus der Niederung erhob.

Seit fast dreißig Jahren lebte er jetzt in Kleve. Entwickelte er so langsam Heimatgefühle?

Er hatte ihren Bauernhof gemocht, das Haus, den alten Obsthof, den Gemüsegarten, die Schafe, die Hühner und besonders sein Zimmer mit dem großen Kamin und all seinen Büchern. Die Küche, in der jeder mal für alle gekocht hatte, in der man zusammenkam. Das Provisorische, das Unberechenbare. Christian und Oliver, seine beiden Jungen, waren nacheinander aus dem Haus gegangen, aber das hatte nicht allzu viel verändert. Vor fünf Monaten hatte man Henry eine Stelle in Wien angeboten, die er nicht ausschlagen wollte, und Gabi war ihm mit Freuden gefolgt. Von nichts auf gleich hatten sie den Hof verkauft, und von dem, was nach dem Abzahlen der Schulden für ihn und Astrid übrig geblieben war, hatten sie sich so gerade eben das kleine Reihenhaus leisten können.

Als er in die Schröderstraße einbog, wurde ihm die Kehle eng: fünfundfünfzig Jahre alt, und er war wieder genau dort, wo er vor mehr als zwanzig Jahren schon einmal gewesen war, Vater, Mutter, Kind, vier Zimmer, Küche, Diele, Bad und Gästeklo.

Er ließ den Wagen neben dem winzigen Vorgarten ausrollen, der mit seiner Konifere und den drei verhungerten Dahlienstauden noch deutlich die Handschrift des Vorbesitzers trug.

Als er ausstieg, schallte ihm Astrids gereizte Stimme vom

offenen Badezimmerfenster oben entgegen: «Jetzt bleib bitte da sitzen und rühr dich nicht!»

Dann seine fröhliche Tochter: «Fein gemacht?»

«Nein, das hast du gar nicht fein gemacht, verdammt nochmal!»

Toppe seufzte stumm und schloss die Haustür auf – braunes Alu mit Strukturglas.

«Helmut? Komm rauf und hilf mir! Katharina hat das ganze Bad unter Wasser gesetzt. Und bring noch einen Aufnehmer mit.»

Astrid hockte auf dem Boden, klatschte den Aufnehmer in die Überschwemmung und wrang ihn über dem roten Eimer aus. Sie trug nur ein T-Shirt und einen knappen Slip, ihr langes, dunkles Haar war zerzaust, und er spürte, wie Begehren in ihm aufflackerte.

Katharina saß, rosig und feucht, eingemummelt in ein Badetuch, auf dem Klodeckel und baumelte mit den Beinen. «Mama is sauer», stellte sie sachlich fest.

«Das kann man wohl sagen!» Astrid funkelte Toppe so wütend an, dass dieser schnell sein Jackett auszog, es über das Treppengeländer warf und den zweiten Aufnehmer zückte.

«Wie ist das denn passiert?»

«Na, wie schon? Ich setze sie in die Wanne, und natürlich klingelt das Telefon. Ich war höchstens drei Minuten draußen, aber in der Zeit hat deine Tochter beschlossen, die Wanne müsse mal ordentlich geputzt werden, und zwar von außen, mit der Brause!»

«Warum hast du denn mit dem Baden nicht gewartet, bis ich komme? Wir gehen doch gern zusammen in die

Wanne.» Toppe verkniff es sich, seiner Tochter zuzuzwinkern.

Astrid strich sich eine nasse Haarsträhne aus dem Gesicht und sah ihn an. «Ich hatte heute einfach keine Lust auf ein langes Gesicht. Du kannst es doch nicht leiden, wenn sie nach Pferd riecht.»

«Ach, deine Eltern mal wieder», meinte er nur und leerte den Eimer über der Badewanne aus.

Seit ein paar Monaten holten Astrids Eltern ihre Enkelin nachmittags ein-, zweimal in der Woche von der Tagesstätte ab, um mit ihr zu einem Ponyhof zu fahren. Astrids Eltern, erfolgreiche Fabrikanten, Klever Hochadel, die es nie akzeptiert hatten, dass ihre Tochter mit einem sechzehn Jahre älteren Habenichts zusammenlebte, immer noch ohne Trauschein. Die es nicht nachvollziehen konnten, dass ihr einziges Kind gern bei der Kripo war und auch mit Baby von Anfang an Vollzeit arbeiten wollte. Wenn sie auch Toppe geflissentlich aus dem Weg gingen, ihre Enkelin hatten sie immer geliebt, und je älter Katharina wurde, umso mehr bemühten sie sich um engen Kontakt.

«Ja.» Astrid stand auf und sah ihn bedrückt an. «Ich sag's dir besser gleich. Sie haben ihr heute ein eigenes Pony gekauft.»

Katharina gluckste zufrieden. «Niko!»

Toppe stellte den Eimer ab und drehte sich weg. «Wir sollten bald essen. Ich muss gleich nochmal los.»

Zwei Norbert van Appeldorn hatte es nicht eilig. Er rauchte noch eine Zigarette, fachsimpelte eine Weile mit Look über die Fusion der beiden traditionsreichsten Klever Fußballclubs, ein Ereignis, das in der Stadt immer noch hohe Wellen schlug, rauchte noch eine, half van Gemmern beim Zusammenpacken. Erst als der Bestatter kam, um den Toten abzuholen, machte er sich auf den Weg zu Geldeks Witwe.

Vor elf Jahren war Geldek mit dem Gesetz in Konflikt geraten, aber da hatte van Appeldorn gerade Erziehungsurlaub gehabt und nicht an dem Fall mitgearbeitet, doch kannte er die Geschichte, und er kannte Geldek. Jeder in Kleve kannte Eugen Geldek. Vom argwöhnisch beäugten, wenn auch schwerreichen, so doch halbseidenen Baulöwen und Spielhöllenbetreiber aus dem Ruhrgebiet hatte er es über die letzten Jahre – durch verschiedene Investitionen und wohltätige Spenden – am Niederrhein zu einigem Ansehen gebracht und war sogar Kulturpreisträger der Stadt geworden. Geldeks Frau hatte van Appeldorn nie getroffen. Obwohl sie, wie er sich zu erinnern glaubte, maßgeblich an Geldeks Unternehmen beteiligt war, hielt sie sich im Hintergrund und mied die Öffentlichkeit.

Van Appeldorn bremste auf der Deichkrone in Brienen ab.

An der Schleuse lungerten ein paar Halbwüchsige herum, rauchten vor sich hin. Einer von ihnen schwang sich aufs Geländer, kippelte kurz, breitete dann die Arme aus und tänzelte zur anderen Seite hinüber. Seine Kumpel spendeten müden Beifall.

Van Appeldorn zuckte die Achseln – bestimmt machten die das nicht zum ersten Mal – und bog in den Privatweg ein, der zu Geldeks weißem, reetgedeckten Landhaus führte. Das Grundstück war von einer efeubewachsenen, gut zwei Meter hohen Mauer umgeben. Man munkelte, dass es Tennisplätze gab, einen Pferdestall und natürlich einen Pool, aber von dem schmiedeeisernen Tor aus, an dem er den Wagen anhielt, konnte man davon nichts sehen.

Neben dem Torpfosten war eine Gegensprechanlage eingebaut. Van Appeldorn legte den Finger auf den Klingelknopf, und augenblicklich stürmten zwei junge Rottweiler heran und sprangen gegen die Gitterstäbe. Sie machten ein derartiges Spektakel, dass man die matte Stimme, die aus dem Lautsprecher kam, kaum hörte.

«Van Appeldorn, Kripo Kleve», setzte er an, wurde aber sofort unterbrochen:

«Augenblick!»

Sekunden später ertönte ein greller Pfiff, die Hunde verschwanden, und mit einem leisen Summen öffnete sich das Tor.

Die Frau blickte ihm von der offenen Haustür unbewegt entgegen, während er den Plattenweg heraufkam. Sie trug weite, schwarze Hosen und ein kurzes, kastenförmiges Oberteil mit übergroßem Hahnentrittmuster in Schwarz und Weiß. Ihr stahlgraues Haar war zentimeterkurz, ihr Gesicht mager und tief gebräunt. Es war nicht leicht, ihr Alter zu schätzen, Mitte fünfzig vielleicht.

«Martina Geldek?» Van Appeldorn ließ sich mustern.

«Ganz recht.»

Wieder die matte Stimme, aber ihre hellgrauen Augen blickten kühl und berechnend. Er fühlte Erleichterung. Es kostete immer Überwindung, jemandem eine Todesnachricht zu überbringen, aber diese Eiskönigin würde wenigstens nicht zusammenklappen.

«Wenn Sie zu meinem Mann wollen, haben Sie Pech. Er ist heute bei einem Geschäftspartner in Duisburg.»

«Nein, Frau Geldek, das ist er nicht.»

Van Appeldorn hatte sich getäuscht. Kaum dass er seine wohl überlegten Sätze gesprochen hatte, fand er sich neben der ohnmächtigen Frau am Boden hockend wieder und telefonierte hektisch nach dem Notarzt. Ein paar Minuten später hatte er sie zumindest so weit, dass er sie auf eines der weißen Ledersofas im Wohnraum legen und ihr ein Glas Wasser einflößen konnte. Sie wand sich am ganzen Körper, hatte ihre knochigen Hände mit den weißlackierten Fingernägeln aufs Gesicht gepresst und wimmerte. Heute würde van Appeldorn nichts über Eugen Geldek erfahren.

Jetzt am Abend hatte es sich endgültig eingeregnet. Es war schon nach acht, als Toppe Emmerich erreichte. Er war müde, und er sehnte sich nach Sonne und Meer, einer einsamen Bucht und leichten Gedanken. Der Rotwein zum Abendessen hatte ihm nicht gut getan, aber Astrid war es offenbar wichtig gewesen, das hastig gekochte Nudelgericht damit aufzuwerten, und so hatte er ihn widerwillig getrunken.

Bonhoeffer hatte mit der Sektion nicht auf ihn gewartet. Er hatte den Körper bereits geöffnet und war gerade mit dem Schädel beschäftigt. Die Anwesenheit eines Kripomannes war zwar vorgeschrieben, wenn sie eine Leichenöffnung angeordnet hatten, aber unter Freunden nahm man es nicht so genau. Bonhoeffer fragte auch nicht nach dem Grund für Toppes Verspätung, worüber dieser froh war, denn er hätte keine vernünftige Antwort gehabt. Nach dem Abendbrot hatte er angefangen, seine Bücherkisten auszuräumen, und dabei nicht auf die Zeit geachtet.

Bonhoeffer sah nur kurz auf. «Zieh dir Handschuhe an, du kannst mir ein bisschen helfen.»

«Bist du verrückt geworden?» Toppe machte ein paar hastige Schritte zurück.

«Hab dich nicht so.» Der Pathologe schmunzelte nachsichtig. «Du sollst mir ja nur mal das ein oder andere Instrument angeben. Ich konnte keinen hier überreden, länger zu bleiben.»

Toppe griff sich ein Paar Gummihandschuhe und trat an den Tisch. «Was hast du bis jetzt?»

«Einiges. Erst einmal, aber das siehst du ja selbst, haben wir ein Hämatom, das von der linken Schulter schräg über den Thorax bis zu den rechten vorderen Rippen verläuft.»

«Gurtverletzung», nickte Toppe.

«Er ist mit dem Wagen frontal gegen ein Gitter geprallt, sagst du. Das würde die Einblutung in die Halsmuskulatur erklären. Sie weist auf eine HWS-Distorsion zweiten Grades hin, Schleudertrauma. Ich nehme an, die Kopfstütze war zu niedrig. Van Gemmern sollte das nachprüfen. War übrigens der Motorblock ins Wageninnere gedrückt worden?»

«Nein.»

«Dann würde ich sagen, unser Freund hier hat einen kräftigen Tritt in die Eier gekriegt. Siehst du das Hämatom dort am Skrotum?»

«Einen Tritt in die Eier?», wiederholte Toppe verblüfft.

«Ja, es weist so einiges darauf hin, dass er eine Schlägerei hatte, wie zum Beispiel der gebrochene Unterkiefer links.»

«Und das Veilchen am linken Auge», bemerkte Toppe.

«Richtig! Wobei das unter Umständen auch auf einen Schädelbasisbruch deuten könnte. Aber das werden wir gleich noch überprüfen.»

Toppe hatte mittlerweile seine ärgste Abneigung überwunden und stand jetzt dicht am blitzenden Metalltisch. «Was ist mit seiner rechten Hand?»

«Gut beobachtet. Distale Radiusfraktur, Typ Smith, nach agonalem Sturz auf den Handrücken.»

Toppe stutzte und versuchte sich das vorzustellen. «Wie stürzt man denn auf den Handrücken?»

«Agonal», grinste Bonhoeffer.

«Meinst du, er war nicht bei Bewusstsein, als er hinfiel?»

«Möglich, ziemlich wahrscheinlich sogar. Auf alle Fälle ist er auf die rechte Seite gestürzt und hat dabei keinerlei Abwehrbewegung gemacht. So, und jetzt kommen wir zu der Wunde hier vorn oberhalb des linken Schläfenlappens.» Bonhoeffer setzte seine Lupenbrille auf und beugte sich über die Verletzung. «Interessant! Gib mir mal die kleine Pinzette und ein paar Objektträger – drüben auf dem Schrank ... ja, danke.»

Die kleinen Partikel, die er aus der Wunde entfernte und auf die Glasplättchen brachte, konnte Toppe mit bloßem Auge kaum ausmachen, ein etwas größeres sah aus wie ein Stückchen Grashalm.

«Das gucken wir uns später an», murmelte Bonhoeffer. «Dann wollen wir mal sehen: unten und hinten unterminierter Wundrand, oben und vorn sind die Wundränder geschürft. In der Wunde befinden sich gesunde Hautbrücken und – Pinzette nochmal – danke, ja, intakte Haare. Folglich liegt keine scharfe Gewalteinwirkung vor. Einblutung in den Schläfenmuskel.» Er richtete sich auf und nahm die Lupenbrille ab. «Ich muss jetzt die Kopfschwarte entfernen. Du kannst in der Zwischenzeit schon mal die Sachen hier zum Mikroskop rüberbringen.»

Toppe war dankbar. Den Anblick, wenn die Kopfhaut über das Gesicht geklappt wurde, fand er immer noch unerträglich. Er ließ sich Zeit bei seinem Weg durch das Labor.

«Ein Globusbruch», rief Bonhoeffer. «Sieh hin: Die Bruchlinien verlaufen radiär, vom Zentrum, das heißt meridional und zirkulär peripär, also äquatorial.»

Toppe warf einen raschen Blick auf den Schädel. «Globus, der Begriff leuchtet ein. Und was bedeutet das?»

«Stumpfe Gewalteinwirkung.»

«Vielleicht ist er beim Aufprall mit dem Kopf gegen den Holm des Frontfensters geschlagen», überlegte Toppe.

«Tja, gleich wissen wir hoffentlich mehr. Gib mir mal die Säge dort. Wir müssen die Kalotte öffnen.»

«Du musst, ich hole uns in der Zwischenzeit einen Calvados aus deinem Büro.»

Bonhoeffer lächelte. «Gern.»

Toppe ging durch den funzelig beleuchteten Keller zu Bonhoeffers Kammer am Ende des Ganges. Bis auf das Brummen der Heizungsrohre und das feine Sirren der Knochensäge war es still. Kein besonders anheimelnder Ort, nicht einmal tagsüber. Er fand eine fast volle Calvadosflasche am gewohnten Platz im Schreibtisch, nahm zwei Wassergläser vom Bord und machte sich auf den Rückweg. Erst als die Säge verstummt war, öffnete er die Tür. «Bist du soweit?»

Aber Bonhoeffer ließ sich nicht stören. Er hatte das Hirn des Toten auf die Waage gelegt, schrieb etwas auf, dann brachte er das Organ zu der kleinen Ablage am Sektionstisch und nahm eine Sonde zur Hand. «Wie ich's mir gedacht habe: Coup-Mechanismus bei fixiertem Kopf», brummelte er. Dann sah er auf. «Der Mann ist nicht auf den Kopf gestürzt oder irgendwo aufgeprallt, er hat einen heftigen Schlag mit einem stumpfen Gegenstand bekommen.»

«Scheiße», sagte Toppe aus tiefstem Herzen.

«Komm her», meinte Bonhoeffer, «ich erkläre es dir. Die Hirnblutung befindet sich direkt unter der Fraktur, Coup-Mechanismus nennt man das. Typisch für einen Schlag. Bei einem Sturz hingegen kommt es zu einem Contrecoup-Mechanismus, das heißt, die Blutung entsteht an der Seite des Gehirns, die der Fraktur gegenüberliegt.»

Toppe erinnerte sich: «Du hast gesagt, bei fixiertem Kopf. Bedeutet das, man hat ihn festgehalten?»

«Nein, nein, dazu reicht die ganz normale Halsmuskulatur, wenn man steht oder sitzt und bei Bewusstsein ist.»

«Du willst also sagen, er ist erschlagen worden?»

«Sieht ganz so aus. Und eine Schädelbasisfraktur hat er auch nicht. Das blaue Auge stammt also ...»

«Schon klar, eine Schlägerei. Und die Verletzungen sind frisch?»

«Absolut.»

«Scheiße», sagte Toppe noch einmal nachdrücklich.

Bonhoeffer zog die Handschuhe aus. «Was ist denn los? Keine Lust auf Arbeit?»

«Weißt du, wer das ist?», gab Toppe düster zurück.

«Sicher, steht doch dran.»

«Dann kannst du dir ja vielleicht vorstellen, was auf uns zukommt.»

«Gieß uns was ein», entgegnete Bonhoeffer nur.

Toppe reichte ihm sein Glas. «Was ist mit den Bisswunden an der Hand?»

«Hab ich gesichert.» Bonhoeffer nahm einen kleinen Schluck und schloss genüsslich die Augen. «Was willst du wissen? Es handelt sich um die Zahnabdrücke eines erwachsenen Menschen, so viel ist klar.»

«Kann es sein, dass er sich selbst in die Hand gebissen hat?»

«Mit absoluter Gewissheit kann ich dir das erst morgen sagen, wenn ich unserem Freund hier den Gebissabdruck genommen habe, aber nein, ich glaube es eigentlich nicht.» Er nahm die linke Hand des Toten hoch. «Die Zahnabdrücke auf den Handknochen an der Außenseite stammen von einem Unterkiefer, die auf den Fingerknochen vom Oberkiefer. Versuch mal, dir selbst auf diese Art in die Hand zu beißen.»

Toppe probierte es. «Es geht, aber man muss sich dabei ganz schön verrenken.»

«Eben, und das erscheint mir unwahrscheinlich. Wann würde man sich, wenn überhaupt, in die Hand beißen? Aus Angst, Wut, Panik. Da würde man aber so zubeißen, oder so.» Er demonstrierte ein paar Möglichkeiten. «Ich habe auf alle Fälle Speichel aus der Biss-Spur gesichert, falls ihr irgendwann eine DNA-Probe braucht, und die anderen Routinegeschichten habe ich auch gemacht, Fotos, Abdrücke durchgezeichnet, du weißt schon.»

«Eigentlich nicht, wenn ich ehrlich bin, aber eine Biss-Spur ist mir bisher auch noch nicht untergekommen.» Toppe schaute auf seine Schuhspitzen und überlegte. «Wenn ihn also ein anderer gebissen hat, dann muss Geldek sich gegen seinen Angreifer zur Wehr gesetzt haben, und zwar effektiv, denn ein Biss als Abwehr hat etwas ziemlich Verzweifeltes.»

«Wenn du auf Gewebespuren unter den Fingernägeln hinauswillst, ich habe sie genommen.»

Toppe sah auf. «Danke, das ist gut, aber das meinte ich gar nicht. Ich versuche einfach nur, mir ein Bild zu machen.»

Bonhoeffer stellte sein Glas ab. «Gott sei Dank ist das nicht meine Aufgabe. Aber lass uns das hier zu Ende bringen. Du siehst ziemlich fertig aus.»

Toppe ging nicht darauf ein. Er folgte seinem Freund zum Mikroskop und ließ ihn hantieren.

«Ein Stein», meinte Bonhoeffer schließlich. «Die Tatwaffe könnte ein Stein sein. Das passt zum Frakturmuster und zu dem, was wir hier in der Wunde gefunden haben: Sandkörner, Pollen, Gras.»

«Verdammter Mist! Und ich habe den Tatort nicht bewachen lassen, keine Absperrung über Nacht, nichts!»

«Heißt das, du musst jetzt noch arbeiten?»

«Sieht ganz danach aus.»

Astrid schob die Decke zur Seite. Als sie ins Bett gegangen war, hatte sie gefroren und sich deshalb ein langes T-Shirt angezogen, aber jetzt war ihr heiß.

Viertel nach eins.

Toppe hatte angerufen, er käme später, Geldek sei offenbar erschlagen worden. Das war vor drei Stunden gewesen. Egal, er würde sie nicht wecken, heute würde er sicher in seinem eigenen Zimmer schlafen.

Sein Zimmer, ihr Zimmer, beide für gegenseitige Besuche mit ausreichend breiten Betten ausgestattet. Auf dem Hof damals, mit ihnen allen, war ihr das ganz normal erschienen, jedenfalls bis Katharina kam. Aber hier in diesem kleinen Einfamilienhaus kamen ihr die getrennten Schlafzimmer absurd vor.

Alle Häuser die sie sich angesehen hatten, waren Familienhäuser gewesen, und verdammt nochmal, warum auch nicht?

Sie fröstelte und zog sich die Decke wieder über die Schulter. Was sie aus diesem, ihrem, Zimmer machen sollte, wusste sie noch nicht. Ihr Bett stand jetzt drin, ein Kleiderkoffer, alle anderen Sachen steckten noch in den Umzugskartons im Keller.

Sie musste endlich schlafen. Um zehn vor sechs würde der Wecker klingeln, wie jeden Tag, und an den freien Wochenenden stand spätestens um halb sieben Katharina vor ihrem Bett und verlangte vollen Einsatz.

Sie drehte sich auf den Bauch. Katharinas Pony – sie musste sich morgen darum kümmern, dass jemand vom Reiterhof die Pflege übernahm. Billig war das bestimmt nicht, aber wahrscheinlich würde Papa sich das sowieso nicht nehmen lassen. Am Wochenende allerdings ...

Warum sollte sie eigentlich nicht selbst wieder reiten? Zehn war sie gewesen, als sie damit angefangen hatte, und für die nächsten fünf Jahre waren Pferde ihre Welt gewesen. Durften Dreijährige eigentlich schon reiten? Sie hatte doch mal was darüber gelesen, oder? Morgen, irgendwann zwischendurch, würde sie den Kinderarzt anrufen und ihn fragen, beruhigte sie sich.

Und jetzt musste sie wirklich schlafen. Ab morgen würde sie vermutlich vor Arbeit nicht mehr wissen, wo ihr der Kopf stand. Geldek war ermordet worden. Eugen Geldek, der hatte damals auch einen Ponyhof aufmachen wollen.

Ihr allererster Fall beim KI war das gewesen, und sie hatte fast nur mit Helmut zusammengearbeitet, wochenlanges Puzzlen und Improvisieren, alles neu. Und sie hatte sich ziemlich schnell verliebt in ihren sensiblen, ernsten und sehr einsamen Chef und ihn gewollt wie nichts zuvor.

Vielleicht würde ein Glas Wasser helfen. Sie tastete nach dem Lichtschalter und verhedderte sich dabei in ihren Haaren. Es ziepte. Durch den dunklen Flur stolperte sie ins Bad, schaltete die Lampe über dem Spiegel ein und betrachtete sich nüchtern. Wenn sie morgen beim Friseur anrief, bekam sie vielleicht noch einen Termin am Samstag.

Das Wasser kam lauwarm aus der Leitung. Sie wartete ein Weilchen, füllte dann den Zahnputzbecher und setzte sich damit auf den Wannenrand. Der so sauber geputzt war. Sie lächelte. Ein Auto hielt vorm Haus, Schlüsselklirren. Leise huschte sie in ihr Zimmer zurück, schloss die Tür und legte sich wieder ins Bett.

Drei Schon gestern Nachmittag waren vereinzelt Reporter an der Unfallstelle aufgetaucht, aber heute wartete ein ganzer Pulk von Journalisten und Fotografen auf dem Parkplatz am Präsidium, als van Appeldorn zum Dienst kam, und umringte sofort sein Auto. Er stieg aus und wandte sich entschieden dem Eingang zu, aber das beeindruckte die Leute wenig.

«Handelt es sich um einen Unfall mit Fahrerflucht?» – «Warum ist Geldek in die Pathologie gebracht worden?» – «Schildern Sie uns den Unfallhergang!»

«Ich schildere Ihnen gar nichts!», raunzte van Appeldorn unfreundlich zurück und drängte sich vorbei. «Wir geben Ihnen später den Termin für die Pressekonferenz durch. Bis dahin werden Sie sich leider gedulden müssen.»

Die Luft war schwer von Feuchtigkeit, und er war müde. Toppe hatte ihn gestern Abend noch einmal an den Unfallort gerufen, um nach der vermaledeiten Tatwaffe zu suchen. Der anhaltende Regen hatte es ihnen nicht erlaubt, den Ort lediglich abzusichern und auf Tageslicht zu warten. Und so waren sie, nass bis auf die Haut, bis nach Mitternacht durch den Morast gekrochen, hatten Sand- und Grasproben genommen und tatsächlich auch ein paar Steine gefunden. Keiner davon hatte so ausgesehen, als wäre ein Mensch damit erschlagen worden, aber wusste man's?

Toppe hatte die Sachen noch ins Labor gebracht. Bestimmt war van Gemmern immer noch da gewesen und hatte alles in Empfang genommen. Klaus van Gemmern mit seinen ewig entzündeten Augen und dem Geruch nach ungewaschenen Klamotten und zu wenig Essen.

Oben auf dem Flur kam ihm Peter mit einer Kanne Kaffee entgegen.

Peter Cox war erst seit knapp zwei Jahren beim KK 11, aber er hatte sich schnell ins Team eingefügt, und wenn man seine zahlreichen Marotten nicht zu ernst nahm, ließ sich gut mit ihm arbeiten.

Wie immer trug er zum maßgeschneiderten Anzug ein kragenloses Hemd, heute in sommerlichem Dottergelb, und wie immer war er der Erste im Büro. Er nickte grüßend. «Es gibt Arbeit, hab ich gehört. Warum habt ihr mir denn nicht sofort Bescheid gesagt?»

«Ganz einfach, du hattest keinen Dienst», antwortete van Appeldorn und lächelte. «Ich hab's trotzdem versucht, aber dein Handy war nicht eingeschaltet.»

«Ach so, na ja, ich hatte eine Verabredung», druckste Cox, scheinbar verlegen.

Van Appeldorn feixte. «Im Internet?»

Peter Cox war mit seinen 41 Jahren immer noch Junggeselle und ohne feste Freundin, und in letzter Zeit schien ihm dieser Zustand nicht mehr zu behagen.

«Nee, in der Sauna», grinste er zurück.

«Interessant! Gibt es da etwas, das wir wissen sollten?»

Cox winkte ab. «War ein Flop.»

Van Appeldorn schloss die Tür zu dem Büro auf, das er sich normalerweise nur mit Astrid Steendijk teilte, aber heute würden sie wohl alle vier hier zusammenrücken müssen. Er fing an, Stühle zurechtzuschieben, und schüttelte wieder einmal innerlich den Kopf über Helmut Toppe, dem als Abteilungsleiter eines der geräumigen Büros im Verwaltungstrakt zustand, das für Teamsitzungen bestens geeignet wäre. Aber Helmut hasste es, den Chef raushängen zu lassen, und hatte dankend auf den Komfort verzichtet. Er zog es vor, sich mit Cox das Kabuff nebenan zu teilen.

Peter Cox goss zwei große Becher Kaffee ein.

«Mm, Kaffee!» Astrid, die gerade mit Toppe zur Tür reinkam, schnupperte wohlig. «Gibst du mir auch einen? Wir waren heute wieder so spät dran, dass es gerade mal zu einem Schluck im Stehen gereicht hat.» Sie drehte sich um. «Willst du auch eine Tasse, Helmut?»

Toppe brummte zustimmend. «Aber gieß noch nicht ein, ich muss erst noch eine Akte holen.» Er warf seine Regenjacke auf den Stuhl, der am nächsten stand. «Kann einer von euch in der Zwischenzeit zwei Tafeln besorgen? Ach ja, und jemand sollte rüber zum ED und gucken, wie weit van Gemmern ist.»

Es dauerte seine Zeit, bis van Appeldorn den Unfallort auf der Tafel skizziert hatte. Toppe schrieb währenddessen die verschiedenen Verletzungen des Opfers in Rubriken auf die andere Tafel und wollte gerade anfangen, Bonhoeffers Schlussfolgerungen zu erläutern, als van Gemmern kam.

«Meine Güte», entfuhr es Astrid, «du siehst aus wie ein

Zombie! Hast du letzte Nacht überhaupt ein Bett gesehen?»

Van Gemmern schaute geistesabwesend in ihre Richtung. «Nicht so wichtig.» Dann legte er Toppe einen Stapel Fotos auf den Tisch und trat an die Tür zurück. «Ich mach's ganz kurz: Im Innern des Fahrzeugs gab es keinerlei Blutspuren. Die Blutspuren draußen stammen ausschließlich vom Opfer. Der Gurt ist nicht gerissen. Er ist geöffnet worden, den Fingerspuren nach vom Opfer selbst.» Er schob die Brille hoch und rieb sich kurz die Nasenwurzel. Seine Augen waren trüb. «Die Bremsspuren vom entgegenkommenden Fahrzeug sind frisch. Es handelt sich vermutlich um ein älteres Modell.»

«Und wie kommst du darauf?», wollte van Appeldorn wissen.

«Das Fahrzeug verfügt nicht über ABS», antwortete van Gemmern und richtete seine Brille wieder. «Eine letzte Sache noch, dann muss ich zu meinen Steinen zurück. An der hinteren Stoßstange des Unfallwagens gibt es eine ganz frische Impression mit Absplitterungen und Spuren von schwarzem Kunststoff.»

«An der hinteren Stoßstange?», hakte Toppe nach.

Van Gemmern nickte.

«Und welche Art von Kunststoff?»

«Das kann ich in unserem Labor leider nicht analysieren. Aber ich schicke die Stoßstange heute noch ein. Vielleicht haben die beim LKA ja gerade ein Sommerloch.» Seine Mundwinkel zuckten. «Dann können wir bestimmt schon in sechs bis acht Wochen mit einem Ergebnis rechnen.»

Und damit war er wieder verschwunden.

«Irre ich mich, oder hat der gerade einen Scherz gemacht?», meinte Cox verblüfft.

Van Appeldorn befestigte die Fotos, die van Gemmern gebracht hatte, neben seiner Skizze, und es blieb eine Weile still. Jeder versuchte, seine Eindrücke vom Tatort und von der Leiche zu sortieren.

Schließlich nahm Toppe den Faden von vorhin wieder auf. «Zumindest einen sicheren Schluss können wir aus Geldeks Verletzungen ziehen: Der Täter ist Rechtshänder.»

Astrid betrachtete nachdenklich die Unfallskizze. «Also, wie muss ich mir das vorstellen?», meinte sie langsam. «Geldek fährt auf diesem Weg. Kurz bevor es wieder zur Deichstraße hochgeht, kommt ihm, mit hoher Geschwindigkeit vermutlich, ein anderes Auto entgegen. Geldek muss ausweichen – nach links, denn rechts ist der Damm – und prallt gegen das Gatter.»

«Dabei trägt er nur leichte Verletzungen davon», ergänzte Toppe.

Astrid knabberte an ihrem Daumennagel. «Geldek sieht rot und rastet aus. Wir wissen ja, dass ihm so was schon öfter mal passiert ist, zumindest früher. Er schnallt sich ab, macht die Tür auf ...»

«... springt aus dem Wagen und geht auf den Rowdy los», führte van Appeldorn ihren Satz fort. «Aber der wehrt sich, und zwar nicht zu knapp. Muss ganz schön kräftig sein, der Kerl.»

«Meinst du? Ich weiß nicht ... Vielleicht war er nur in Panik», entgegnete Astrid. «Ich meine, der Tritt ins Gemächt, der Biss in die Hand, das sieht mir doch eher nach

Verzweiflung aus.» Sie schaute sich noch einmal die Fotos von Geldeks Hand mit den Bissmarken an. «Das ist eine komische Stelle.»

«Hab ich auch zuerst gedacht», bestätigte Toppe, «aber inzwischen kann ich mir vorstellen, was abgelaufen ist. Ich glaube, Geldek hat versucht, dem Mann die Luft abzudrücken.» Er ging zu Astrid hinüber. «Steh mal auf, ich zeig's dir.»

Sie hob zuerst abwehrend die Hände, machte dann aber mit.

«Na ja», meinte sie schließlich skeptisch, nachdem sie mehrere Möglichkeiten durchgespielt hatten, «wenn er Geldeks Hand ein Stück wegzerren konnte und das Kinn gesenkt hat, könnte es vielleicht passen.»

Toppe setzte sich wieder auf seinen Platz. «Ich glaube übrigens nicht, dass dem Täter aus Panik so was wie übermenschliche Kräfte gewachsen sind, Astrid. Wenn du dir die Verletzungen genauer anguckst, war da wohl eher Wut im Spiel.»

Astrid atmete scharf ein und sah ihn gereizt an. «Glaub, was du willst. Ich sehe das anders.»

Van Appeldorn schaute irritiert von einem zum anderen, auch Cox schüttelte leise den Kopf.

Toppe hatte nur kurz die Brauen hochgezogen. «Die Schläge aufs Auge und auf den Unterkiefer sind gezielt und mit großer Kraft geführt worden. Typisch, wenn man jemanden zusammenschlagen will. Auch der Schlag auf den Schädel erfolgte mit großer Wucht.» Er schaute einen Moment ins Leere. «Der Täter greift irgendwann in dieser Prügelei zu einem Stein, der dort liegt. Er, ein Rechtshänder wohlgemerkt, steht mit dem Gesicht zu Geldek und hebt die Hand mit dem Stein. Geldek sieht das und versucht auszuweichen. Deshalb trifft ihn der Schlag von vorn und oben an der linken Schläfe. Geldek fällt nach rechts, und zwar ohne Abwehrbewegung, wie Bonhoeffer an der Art des Armbruches erkennen konnte. Das heißt, er muss durch die Schädelverletzung sofort bewusstlos gewesen sein.»

«Wie groß war Geldek?», fragte van Appeldorn.

Toppe suchte in seinen Notizen. «1,96, dabei 124 kg schwer.»

«Wenn der Schlag Geldeks Kopf von schräg oben trifft, kann der Täter nicht viel kleiner als Geldek sein.»

«Na prima», maulte Astrid. «Wir suchen also einen starken Mann, Rechtshänder, um die 1,90 groß, der ein älteres Auto fährt. Punkt. Oder hab ich was vergessen?»

«Wir haben wahrscheinlich seinen Zahnabdruck und kennen seine DNA», mischte sich jetzt auch Cox ein. «Und wenn eure Theorie stimmt, müsste er Würgemale haben.»

Astrid lachte. «Also gut, einen starken, etwa 1,90 großen, rechtshändigen Mann mit altem Auto, der in der nächsten Zeit nur noch Rollkragenpullover oder Schals trägt.» Sie klang schon wieder versöhnlich.

Van Appeldorn klopfte seine Taschen nach Zigaretten ab und sah sich dann suchend auf den Schreibtischen um. Cox schoss vor und brachte seine Lucky Strikes in Sicherheit. Seine Tagesration war abgezählt, und er konnte es schlecht ertragen, wenn jemand sein System durcheinander brachte.

Van Appeldorn griente kurz. «Tja, könnte schon sein, dass wir so jemanden suchen, allerdings nur, wenn die Bremsspuren auf der Pontonstraße tatsächlich was mit Geldeks Unfall zu tun haben und nicht schon vorher da waren.»

Astrid schob ihm ihre Zigarettenschachtel rüber. «Warum sollte Geldek seine Luxuskarosse zu Schrott fahren, wenn er nicht einem anderen Wagen ausweichen musste?»

Toppe stand auf, um das Fenster zu öffnen. «Irgendwo müssen wir anfangen, und unsere Hypothese ist doch nicht schlecht. Die B 220 ist immer stark befahren. Eigentlich müsste es irgendwelche Zeugen geben.»

«Aufruf an die Zeitungen.» Cox nickte zufrieden und schaltete den PC ein. «Wann machen wir die Pressekonferenz? Heute Nachmittag noch?»

«Es kann doch auch ganz anders gewesen sein.» Van Appeldorn hatte gar nicht hingehört. «Vielleicht hatte Geldek einen Beifahrer, und der hat ihm ins Lenkrad gegriffen», überlegte er. «Wäre genauso gut möglich. Und eine wichtige Frage noch: Was hatte unser Freund eigentlich auf dieser Pontonstraße zu suchen? Seine Frau sagt, er wollte nach Duisburg. Da hätte er, wenn er von zu Hause kam, links auf die Brücke gemusst.»

Toppe schnaubte. «Auf die Aussage dieser Dame kannst du nun wirklich nichts geben. Die war schon damals Geldeks schärfster Wachhund. Hat sie dir erzählt, wann er von zu Hause weggefahren ist?»

«Nein, so weit sind wir ja gar nicht mehr gekommen.»

Cox schaute auf die Uhr und gestattete sich danach die erste Zigarette des Tages. «Auf die Gefahr hin, dass ich euch mal wieder auf die Nerven falle, aber mir sagt der Name Geldek kaum was. Ihr seid dem alle nicht besonders grün, oder lieg ich da falsch?»

Toppe öffnete die alte Akte, die er vorhin geholt hatte. «Eine Sache aus '91. Astrid und ich haben das damals bearbeitet.» Der Blick, den er ihr zuwarf, war schwer zu deuten. «Norbert war zu der Zeit gar nicht im Dienst. Es schadet also nichts, wenn wir das nochmal zusammen durchgehen.»

Die ersten Daten las er ab: «Eugen Geldek, 1938 in Duisburg geboren, in zweiter Ehe verheiratet mit Martina Marx; beide wohnhaft in Kleve-Brienen, Am Deich 1. 1991 besaßen Geldeks ein Baugeschäft in Duisburg, eine Bauträgergesellschaft in Kleve, mehrere Diskotheken und Spielhallen im Ruhrgebiet und Hotels am Niederrhein und in Holland. Mittlerweile dürften noch so einige Objekte dazugekommen sein. Als Geldek 1984 nach Kleve kam, war er kein unbeschriebenes Blatt: Er hatte etliche Vorstrafen wegen Körperverletzung in den fünfziger und sechziger Jahren, danach, bis Ende der Achtziger, taucht er immer mal wieder auf im Zusammenhang mit Geldwäsche, Bestechung und Brandstiftung. Allerdings ist es bei den Geschichten nie zu einer Anzeige gegen ihn gekommen.» Toppe überlegte kurz. «Ach ja, bevor ich's vergesse, Geldek zockt, und zwar im alten Stil: zwielichtige Kaschemmen mit entsprechend hochkarätigen Klienten. Wie auch immer, als er hier runterzog, hat er schnell Fuß gefasst. Er hatte von Anfang an einen exzellenten Draht zur Stadtverwaltung. Außerplanmäßige Baugenehmigungen und dergleichen waren für Geldek nie ein Problem. Dass in diesem Zusammenhang die ein oder andere Mark den Besitzer gewechselt haben soll, pfiffen die Spatzen von den Dächern.»

«Moment mal», fiel ihm Cox ins Wort. «Hab ich nicht erst neulich was über einen Geldek in der Zeitung gelesen? Der hat doch diese Stiftung für Opfer von Gewalttaten ins Leben gerufen, mit der wir uns irgendwann mal zusammensetzen wollten.»

«Hat er», bestätigte Astrid. «War sogar dem *Stern* eine dicke Story wert: eine Stiftung mit Modellcharakter. Die haben ein Traumateam, ein Opfermobil, ein eigenes Kurhotel und wer weiß, was sonst noch alles.»

«Und das soll derselbe Mann sein?» Cox legte zweifelnd die Stirn in Falten.

«Tja, der Gute hat seine Weste so kräftig geschrubbt, dass man heute richtiggehend geblendet wird», spottete Toppe.

«Mir brummt der Schädel.» Cox gähnte ausgiebig. «Könnten wir kurz mal Pause machen?»

«Gute Idee», meinte van Appeldorn. «Lasst uns was essen gehen. Es ist zwar noch früh, aber ich habe einen Mordshunger. Vielleicht weil ich so übernächtigt bin.»

Peter Cox schaute ihn konsterniert an. «Ohne mich! Ich kann mittags keine größere Mahlzeit zu mir nehmen, das bringt meinen Biorhythmus völlig durcheinander.»

Van Appeldorn lachte.

«Sei doch kein Spielverderber. Es regnet gerade mal nicht, da können wir uns irgendwo in der Fußgängerzone draußen hinsetzen. Was meinst du, wie die frische Luft dein Gehirn auf Touren bringt», versuchte Astrid ihn zu begeistern. «Du musst ja nichts essen.»

Die Regenpause hatte viele Leute nach draußen gelockt. Holländische Rentnerpaare, die besonders gern donnerstags in Scharen in die Klever Supermärkte und die Innenstadt einfielen, saßen vor den Bistros und Cafés und taten sich an Kaffee und Sahnetorte oder einem frühen Bier gütlich.

Schließlich fanden die vier einen freien Tisch vor der Gaststätte neben dem Burgtheater.

Toppe, van Appeldorn und Astrid hatten ihre Wahl schnell getroffen, nur Cox studierte umständlich und mit großem Ernst die Speisekarte und murmelte vor sich hin: «Das werde ich noch tagelang bitter bereuen, aber gut, ich denke, ein bisschen Fisch kann nicht allzu viel schaden. Ich nehme den Heringstopf. Aber bitte ohne Zwiebeln.»

Der Kellner, der zähneknirschend gewartet hatte, runzelte unwillig die Stirn. «Da sind immer Zwiebeln drin.»

«Ach wirklich? Dann bereiten Sie den Topf also nicht frisch zu?»

«Selbstverständlich ist der frisch!»

«Aber mit Zwiebeln!»

«Wollen Sie jetzt den Heringstopf oder nicht?»

«Na gut», brummte Cox. «Dann picke ich mir die Zwiebeln eben raus.»

Der Kellner ergriff die Flucht.

«Augenblick noch! Der Fisch ist doch wohl gehäutet, oder?» Aber er bekam keine Antwort.

Astrid prustete. «Du hast wirklich eine Meise, Peter.

Was macht es für einen Unterschied, ob der Hering mit Haut ist oder ohne?»

Cox grinste. «Es sieht einfach appetitlicher aus!»

Als sie bei Kaffee und Zigarette angekommen waren, zog sich der Himmel wieder zu.

«Wir sollten uns beeilen.» Van Appeldorn zeigte nach oben. «Gleich fängt's an zu schütten.»

Aber sie hatten Glück. Erst als sie sicher im Büro angekommen waren, fielen die ersten dicken Tropfen.

Toppe trat ans Fenster und spähte durch den Regenschleier. «Also zurück zu Geldek, zurück zu 1991. Da hat sich unser Freund nämlich seine fast schon weiße Weste noch einmal gründlich eingeferkelt. Hatte sich mit zwei Projekten übernommen. Bei einem verpfuschten Bau in Nimwegen war er auf 1,8 Millionen Schulden sitzen geblieben, und gleichzeitig drohte sein Vergnügungsbad mit angrenzendem Ferienhauspark in Doornenburg Pleite zu gehen. Um diesen Laden wieder in Schwung zu bringen, wollte Geldek die Anlage um einen groß aufgemotzten Ponyhof erweitern, nach dem Motto: Immenhof am Niederrhein. Der sollte auf der deutschen Rheinseite in Keeken liegen und durch eine romantische Fährfahrt zu erreichen sein. An das entsprechende Gelände wollte er über einen Zockerkumpan kommen, einen gewissen Peter Verhoeven. Dessen Vater gehörte nämlich ein großer Bauernhof in Keeken, direkt an der Grenze. Das Problem war nur, der Alte wollte nicht verkaufen. Und er hatte sich auch schon jahrelang geweigert, den Hof seinem windigen Sohn zu überschreiben. Also beschloss Geldek – vermutlich zusammen mit Peter Verhoeven, aber das konnten wir nie beweisen – kurzerhand den Erbfall vorzuziehen und heuerte einen Killer an, Kurt Korten, ein Freund aus Duisburger Tagen. Der hat dann übrigens den Falschen erwischt, aber das tut im Augenblick nichts zur Sache. Jedenfalls, als wir Korten endlich weich geklopft hatten und der mit dem Namen seines Auftraggebers rausrückte, war Geldek längst über alle Berge. Seine Firma ging in den Konkurs, während er fröhlich in Südamerika auf der einen oder anderen Million saß, die er vorher noch abgezogen hatte. Übrigens, seine anderen Objekte und Firmen waren zunächst mal von der ganzen Misere nicht bedroht. Die gehörten nämlich allesamt seiner Gattin.»

Cox rubbelte sich verwirrt den kurz geschorenen Schopf. «Und wieso läuft der heute hier frei rum und lässt sich erschlagen?»

«Das», murmelte van Appeldorn, «ist die Hunderttausendmarksfrage!»

«Ganz einfach», sagte Toppe. «Nach ein paar Monaten kam Geldek zurück und stellte sich der Polizei. Wegen betrügerischen Konkurses wohlgemerkt, nicht wegen dem Mord an Verhoeven. Damit wollte er nichts zu tun haben. Seine Rückkehr war wohl vorbereitet. Er hatte glänzende Alibis für jedes Gespräch, das Korten in der Mordvorbereitung mit ihm geführt haben wollte. Es lief letztendlich darauf hinaus, dass Aussage gegen Aussage stand. Wir konnten uns ein Bein ausreißen, der Staatsanwalt hat alles abgeschmettert, nach dem Motto: Das sind doch nur Indizien, bringen Sie mir Beweise.» Toppe kam immer noch die Galle hoch, wenn er sich daran erinnerte.

«Wer war denn der Staatsanwalt?», fragte van Appeldorn.

«Escher. Der ist schon ein paar Jahre nicht mehr in Kleve, aber du müsstest dich an den erinnern. Der galt eigentlich eher als harter Hund.»

Van Appeldorn verzog das Gesicht. «Vielleicht stand der ja bei Geldek auf der Lohnliste. Ist auch egal.» Er drehte sich zu Cox. «Verstehst du jetzt, warum wir so begeistert sind, dass es ausgerechnet Freund Geldek erwischt hat?»

«Doch, doch», antwortete der. «Potenzielle Feinde, wo man auch hinguckt, Konkurrenten, Zockerkreise, Halbwelt ... Wir sollten vermutlich inbrünstig beten, dass wir es mit einer aktuellen Geschichte zu tun haben, aber ...» Er verschränkte die Hände im Nacken und lehnte sich zurück. «Wenn wir die Vergangenheit von diesem Typen aufrollen, das könnte doch ganz spannend werden.»

«Du hast eindeutig einen Schaden», meinte Astrid kopfschüttelnd. «Es kann dir doch keinen Spaß machen, monatelang im Dreck zu wühlen. Und außerdem, hast du eine Vorstellung davon, was der Fall für eine Öffentlichkeit kriegt?»

«Ach, das hat mich eigentlich noch nie gestört.»

Toppe klappte die alte Akte zu. «Pressekonferenz um vierzehn Uhr, okay? Wir müssen Zeugen finden.»

«In Ordnung», antwortete van Appeldorn. «Arbeiten wir also nach unserer ersten Hypothese.»

Toppe nickte. «Und die erste Anlaufstelle ist Martina Geldek. Warum wollte Geldek nach Duisburg? Mit wem wollte er sich dort treffen und wann? Wann ist Geldek zu

Hause abgefahren? Wollte er vorher noch woanders hin? Übernimmst du das, Norbert, zusammen mit Astrid?»

«Klar!»

«Stopp!», griff Cox entschieden ein. «Bevor sich hier auch nur irgendeiner bewegt – wo ist der Bericht von gestern?»

Man hatte ihn im vorigen Monat zum Aktenführer gemacht. Bisher hatte mal der eine, mal der andere den Posten eher halbherzig ausgefüllt, aber Cox nahm diese Aufgabe, wie alles andere in seinem Leben, sehr ernst.

«Ich mach das schon», sagte Toppe. «Wir treffen uns noch einmal vor der Pressekonferenz. Sagen wir um eins.»

Van Appeldorn raffte Block, Stift und Jacke zusammen. «Ich muss heute übrigens pünktlich Schluss machen. Um fünf habe ich ein Partnergespräch bei Ullis Therapeutin.»

Astrid schnallte sich auf dem Beifahrersitz an. «Geht es Ulli denn mittlerweile ein bisschen besser?»

Ulli Beckmann war van Appeldorns Freundin. Sie hatten sich vor drei Jahren kennen gelernt und Hals über Kopf ineinander verliebt.

Damals war van Appeldorn noch verheiratet gewesen. Mit vierunddreißig Jahren war er, gegen seine innere Überzeugung, in eine Ehe geschlittert. Marion, die Witwe eines früheren Kegelbruders, war eine heiße Nummer gewesen, hatte seine wildesten Phantasien übertroffen. Dann war sie schwanger geworden, und er hatte gar nicht anders gekonnt. Er hatte sich sogar zu einem halben Jahr Erziehungsurlaub überreden lassen, in dem es ihm gegen seine Erwartungen gut gegangen war, den er sogar genossen hatte. Später hatte sich seine Tochter zu einem herrischen, raffgierigen, egoistischen Monster entwickelt, ihrer Mutter nicht unähnlich.

Als er Ulli traf, hatte ihn seine Ehe, in der es kaum noch etwas anderes gegeben hatte als Enttäuschungen, Schuldzuweisungen und Bitterkeit, schon lange zermürbt. Aber erst mit Ulli an seiner Seite war ihm der Absprung aus diesem bedrückenden Leben leicht gefallen. Sie waren zusammengezogen und hatten gerade angefangen, ihrem Glück wirklich zu trauen, als Ulli zum falschen Zeitpunkt am falschen Ort gewesen war. Terroristen hatten sie mehrere Tage lang in einer Kiste gefangen gehalten, und bei ihrer Befreiung hatte sie nicht nur zusehen müssen, wie zwei Menschen auf abscheuliche Weise direkt neben ihr getötet wurden, sondern war auch selbst nur knapp mit dem Leben davongekommen.

Van Appeldorn hatte sofort Himmel und Hölle in Bewegung gesetzt, um einen Therapieplatz zu finden, und nach ein paar Wochen schien Ulli wieder ganz die Alte zu sein und hatte ihre Arbeit als Leiterin einer Vorschule wieder aufgenommen. Aber dann kam es plötzlich zu Rückfällen: Sie konnte kleine Räume nicht mehr betreten, schlief keine Nacht mehr durch und bekam bei bestimmten Gerüchen Atemnot.

Van Appeldorn holte tief Luft. «Es geht auf und ab. Albträume hat sie immer noch, wenn auch nicht mehr jede Nacht. Und inzwischen kann sie fast jeden Tag zur Arbeit gehen. Sie sagt, die Kinder tun ihr gut. Es ist nur ...» Er startete den Wagen. «Sie will kein Mitleid. Es macht sie wütend.»

«Dann ist es nicht gerade leicht für dich», meinte Astrid vorsichtig.

Van Appeldorn redete ungern über Gefühle und gab nur selten etwas von sich preis. Frauen gegenüber war er besonders verschlossen, und sein Verhältnis zu Astrid war von Anfang an sehr gespannt gewesen. Erst in den letzten ein, zwei Jahren verstanden sie sich besser und gingen ein bisschen milder miteinander um.

«Nein», antwortete er nur knapp, ohne sie anzuschauen.

Vier   Eine hagere Frau von Anfang sechzig in einer schneeweißen, gestärkten Kittelschürze öffnete ihnen die Haustür. Sie beäugte sie zunächst misstrauisch, schlug dann aber schnell einen besonders forschen Ton an, der ihnen zeigen sollte, dass sie nichts zu verbergen hatte.

«Wer ich bin? Die Putzfrau bin ich. Was haben Sie denn gedacht? Die Königinmutter? Nee, ich bin die Putzfrau und dat schon seit fuffzehn Jahren. Immerhin! Normalerweise komm ich bloß dienstags und freitags, aber wie ich dat gehört hab, da konnt ich die arme Frau doch nicht im Stich lassen. Ist doch schrecklich. Ich mein, mit ihm hatte ich ja nicht viel zu tun, aber um sie tut es mir furchtbar Leid. Der Mann war ja quasi der ihr Ein und Alles.»

«Gibt es denn keine Verwandten oder Freunde, die sich um Frau Geldek kümmern?», fragte Astrid.

«Solang ich im Haus komm, hab ich noch keine Verwandten gesehen! Und wegen Freunde, da müssen Sie die Frau schon selber fragen. Ich kann bloß sagen, dat Telefon hat heut noch nicht gebimmelt. So weit kann es also mit Freundschaft wohl nicht her sein. Aber die beiden waren ja auch immer so ... zurückgezogen.» Sie stolperte über das ungewohnte Wort.

«Gibt es außer Ihnen noch mehr Angestellte?», wollte Astrid wissen.

«Nee! Die Frau Hanraths von der Briener Straße macht die Wäsche, aber dat macht die bei sich. Und für den Garten kommt alle paar Wochen eine Firma. Die Frau Geldek macht dat meiste im Haushalt lieber selber. Kann man ja verstehen, würd mir auch nicht anders gehen. Wenn Sie mit ihr sprechen wollen, die liegt im Wohnzimmer auf der Couch. Und wenn Sie Glück haben, ist sie jetzt auch wach. Vorhin war die nämlich noch ganz bedüselt von dem Beruhigungszeug, dat ihr der Arzt gegeben hat. Ich kann ja mal ebkes gucken gehen.»

Martina Geldek war nur eine blasse Kopie der Frau, die van Appeldorn gestern kennen gelernt hatte. Ihr ungeschminktes Gesicht war fahl, in den Mundwinkeln zeigten sich tiefe Falten. Sie zog die kamelfarbene Decke ein bisschen höher und bot ihnen mit einer flüchtigen Handbewegung Platz auf dem zweiten Sofa an.

«Ich würde mich gern aufsetzen, aber ich glaube, das schaffe ich noch nicht», sagte sie matt.

«Ist schon gut», antwortete van Appeldorn. «Frau Geldek...» Er spürte, wie ihm ein Kälteschauer über den Rücken lief. «Ihr Mann ist nicht an den Folgen des Autounfalls gestorben. Er ist ermordet worden.»

Sie schloss einen Moment schmerzlich die Augen. «Bitte sagen Sie mir alles», meinte sie dann mit verblüffend fester Stimme.

Van Appeldorn berichtete, so schonend wie möglich, was sie bisher zusammengetragen hatten. Ihr Gesicht blieb ausdruckslos.

«Sie scheinen gar nicht überrascht zu sein», stellte Astrid fest.

Martina Geldek zuckte kaum merklich die Achseln.

«Wir alle wissen, dass Ihr Mann nicht nur Freunde hatte», beharrte Astrid. «Haben Sie einen Verdacht, wer Ihren Mann getötet haben könnte?»

«Nein. Nein, natürlich nicht! Ich kenne keine Mörder!», kam es gereizt zurück.

Van Appeldorn hob beschwichtigend die Hand. «Bitte erzählen Sie uns, was Ihr Mann gestern gemacht hat. Wohin wollte er? Wann ist er abgefahren? Ist Ihnen etwas an ihm aufgefallen? Hat er vielleicht einen Anruf gekriegt?»

Eugen Geldek war am Multicasa-Projekt in Duisburg beteiligt und er war am Vormittag tatsächlich angerufen worden, weil es neue Schwierigkeiten im Planungsverfahren gab. Daraufhin hatte sich Geldek, anscheinend sehr aufgebracht, mit einigen Partnern in Verbindung gesetzt und für 16 Uhr 30 eine Krisensitzung in Duisburg anberaumt. Gegen Viertel nach drei hatte er das Haus verlassen, immer noch ziemlich wütend, denn bei dem Projekt hatte es bisher nichts als Probleme gegeben.

«Es ist unklar, was Ihr Mann auf dieser Pontonstraße machte, wenn er nach Duisburg wollte. Sie führt in Richtung Grieth. Kannte Ihr Mann jemanden, der in Grieth oder Umgebung wohnt?»

Sie nickte, stützte sich auf ihren Ellbogen, griff nach dem Wasserglas auf dem Marmortisch neben der Couch und trank ein paar kleine Schlucke. «Unser Finanzberater wohnt in Grieth, Tobias Joosten. Es kann natürlich sein, dass Eugen ihn mitnehmen wollte, aber davon hat er mir nichts gesagt.»

«Viertel nach drei Abfahrt, und bis Grieth ist es eine

ganze Ecke», überlegte Astrid laut. «Das wäre ganz schön knapp geworden mit dem Termin um halb fünf.»

Ein leises Lächeln huschte über Martina Geldeks Gesicht. «Mein Mann ist ... war ein ziemlich rasanter Autofahrer», sagte sie zu van Appeldorn.

«Hatte er kürzlich ein Malheur mit dem Wagen?», fragte der. «An der hinteren Stoßstange ist eine Delle.»

«Nein, das kann nicht sein. Eugen ist völlig autobesessen. Wenn am Mercedes was dran gewesen wäre, dann stünde der längst in der Werkstatt, und Eugen hätte einen unserer anderen Wagen genommen.» Sie stöhnte auf und legte die Hände über die Augen. «Oh, mein Gott! Das ist doch alles gar nicht wahr! Eugen ...»

Astrid ignorierte das trockene Schluchzen. «Wir müssen leider noch einmal darauf zurückkommen, dass Ihr Mann nicht nur Freunde hatte.»

«Halten Sie den Mund!», fuhr Martina Geldek sie an. «Sie werden ihn nicht in den Dreck ziehen!»

«Frau Geldek», griff van Appeldorn beruhigend ein, «die Tat geschah allem Anschein nach im Affekt. Wir suchen also vielleicht gar keinen Mörder, wie Sie das ausgedrückt haben, sondern jemanden, dem die Sicherung durchgebrannt ist, und das kann jedem von uns passieren.»

Sie wandte ihm ihr blutleeres Gesicht zu. «Herr Kommissar, ich habe meinen Mann geliebt. Ich liebe ihn. Sie müssen mir helfen», flehte sie.

«Sie müssen uns helfen», entgegnete er leise. «Ich verstehe, dass Sie nicht darüber sprechen möchten, aber wir wissen, dass Ihr Mann in kriminellen Kreisen verkehrt hat.»

Jetzt standen blanke Tränen in ihren Augen. «Das ist

doch schon so lange her. Als wir uns kennen lernten, hat er mit all dem Schluss gemacht. Sonst hätte ich ihn bestimmt nicht geheiratet.»

«Manche Freundschaften halten sich lange.»

«Über dreißig Jahre? Das kann nicht sein. Ich würde das wissen. Wir stehen ... wir standen uns sehr nahe. Wir haben über alles gesprochen, über alles.»

«Dann hat er Ihnen also auch erzählt, wenn es geschäftlich irgendwelche Animositäten gab?»

«Ja, natürlich, aber das kann doch damit ...»

«Und über die Leute, mit denen er Karten gespielt hat, wissen Sie auch Bescheid?»

Ihr Mund wurde hart. «Nein! Ich habe es gehasst, wenn er spielte.» Aber dann besann sie sich. «Warten Sie, ich kann es herausfinden. Einen dieser Leute kenne ich.»

«Sie werden uns also helfen?»

«Ja, natürlich werde ich Ihnen helfen. Sonst kann ich doch gar nichts mehr tun. Ich meine ... o Gott!» Wieder schlug sie die Hände vors Gesicht.

Van Appeldorn stand auf. «Wir quälen Sie jetzt nicht länger. Wenn Sie es irgendwie schaffen, dann schreiben Sie auf, wer – aus welchem Grund auch immer – Ihrem Mann Böses gewollt hat. Wir melden uns morgen wieder und besprechen alles, einverstanden?»

Astrid stürmte zum Auto, zornrot im Gesicht. «Der bist du ja wohl voll auf den Leim gegangen! So kenn ich dich gar nicht.»

Betont langsam kam van Appeldorn hinterher und zog die Autoschlüssel aus der Tasche. «Hast du ein Problem?»

«Mein Gott, die zieht hier eine schauspielerische Glanzleistung ab, große Liebe, Herzschmerz, Schluchzen, Tränen, Wut, das ganze Repertoire rauf und runter, und du fällst auch noch drauf rein. Männer!»

«Kann es sein, dass wir heute ein wenig gereizt sind?»

«Ach, lass mich in Ruhe! Das nächste Mal kommst du am besten alleine her. Die Dame steht auf dich.»

«Halleluja!» Aber dann hielt er sie am Arm fest. «Was ist denn bloß los mit dir? Du hast keine besonders gute Figur abgegeben da drinnen.»

Astrid schüttelte seine Hand ab und biss sich auf die Lippen. «Ja, ich weiß.»

«Wir stehen im Augenblick ganz schön im Regen, Mädchen. Da könnte es nicht schaden, wenn Frau Geldek uns ein paar Tipps gibt.»

Peter Cox hatte sich, nach einigem Hadern mit seinem Pflichtgefühl, eine kurze Auszeit genommen und war mit dem Taxi in die Oberstadt gefahren, um sein erstes eigenes Auto abzuholen. Während seines Informatikstudiums und auch später noch auf der Polizeischule war er große Rallyes gefahren, gar nicht mal so erfolglos. Privat allerdings hatte er das Autofahren gemieden. Bus und Bahn waren ihm immer lieber gewesen, auch aus ökologischen Gründen. Aber am unteren Niederrhein war das ein hoffnungsloses Unterfangen. Mit dem Fahrrad konnte man zwar so einiges bewältigen, aber beruflich wurde es doch oft eng. Die Kollegen hatten ihn zwar immer bereitwillig kutschiert, doch so langsam war er sich doch etwas verschroben vorgekommen.

Er hatte lange überlegt und sorgfältig abgewogen: Ein Citroën Xsara sollte es sein, ein Fronttriebler, nicht unbedingt ein Slider, aber für den Asphalt ideal, und um den ging es ja schließlich bei seinen neuen Bedürfnissen. Auf die Sonderlackierung nach seinen Vorstellungen – Blauschwarz metallic – hatte er fast vier Monate warten müssen.

Der Wagen schnurrte wie ein Kätzchen. Er stellte ihn auf der Flutstraße ab, ein ganzes Stück vom Präsidium entfernt, und ging die letzten Meter zu Fuß.

«Unser Schulungsraum platzt aus allen Nähten», rief er, als er, ein wenig aus der Puste, im Büro ankam. «Ich glaube nicht, dass wir schon mal so viele Presseleute hier hatten. Wie ziehen wir die Sache auf? Machst du die Anmoderation, Helmut?»

Die Polizeichefin, Charlotte Meinhard, war für vier Wochen nach Kanada gefahren, um ihren Sohn zu besuchen, und Toppe war ihr offizieller Stellvertreter.

«Mir wird wohl nichts anderes übrig bleiben», antwortete er mürrisch. «Aber danach übernimmt bitte einer von euch.» Er verabscheute Pressekonferenzen. Sobald er ein Mikrophon vor der Nase hatte, wurde er linkisch und machte eine denkbar schlechte Figur.

«In Ordnung», sagte van Appeldorn. «Ich würde sagen, wir machen gar keinen großen Plan, sondern spielen uns die Bälle einfach so zu.»

«Unsere Flipcharts hier kämen gut», warf Cox ein. «Auf so was stehen die Jungs. Soll ich die schon mal aufbauen?»

«Die mit den Verletzungsmustern geht die Pressefritzen gar nichts an», entgegnete Toppe. «Und die andere müssen wir erst entschärfen.»

«Bin schon dabei.» Cox nahm einen großen Teil der Fotos, die sie neben der Tatortskizze aufgehängt hatten, wieder ab und schob sie in eine Klarsichthülle.

Van Appeldorn stand auf und suchte ein paar Zettel zusammen. «Wir stellen kurz den Tathergang dar und legen dann den Schwerpunkt auf den Zeugenaufruf. Ich fürchte allerdings, es werden eine Menge Fragen kommen.»

Auch Toppe schob seinen Stuhl zurück und drückte das Kreuz durch. «Die kriegen eine Stunde und keine Minute länger, und das sage ich denen gleich zu Anfang.»

Astrid lehnte an der Küchenanrichte und rauchte. «Vielleicht sind wir ja morgen schon ein bisschen schlauer.»

Toppe nickte nur abwesend und faltete die Tageszeitung zusammen. «Ich geh schlafen.»

«Ich komme auch gleich, muss nur noch die Spülmaschine einräumen.»

Sie merkte, dass er zögerte, aber dann ging er doch die Treppe hinauf, ohne sie noch einmal anzusehen.

Mechanisch räumte sie die Küche auf, löschte die Lichter, ging ins Bad, zog sich aus und schminkte sich ab. Dann warf sie ihre Kleider in den Wäschekorb, streifte ein langes T-Shirt über und öffnete Toppes Zimmertür. Es war dunkel, er lag im Bett, aber sie wusste, dass er noch nicht schlief.

Verstohlen schlüpfte sie unter die Bettdecke und strich ihm über den nackten Rücken. «Es tut mir Leid», flüsterte sie. «Tut mir Leid, dass ich dich heute Morgen so angefahren hab.»

Er drehte sich langsam herum. «Ist schon gut.»

«Nein, ist es gar nicht», beharrte sie und küsste ihn. «Ich

war scheußlich, aber, ich weiß nicht, du hattest so einen gönnerhaften Ton, und ich ...»

Er nahm sie in die Arme. «Ist schon gut, war nicht tragisch.»

Eine Weile kuschelte sie sich an ihn, aber dann hielt sie es nicht mehr aus. «Was ist eigentlich los, Helmut?»

«Nichts, was soll denn los sein?»

«Ach komm, irgendwas läuft total schief, und du redest nicht, du sprichst nicht mit mir.»

«Blödsinn!»

«Das ist verdammt nochmal kein Blödsinn», schrie sie und boxte ihn gegen die Brust. «Warum lässt du mich nicht an dich ran? Was ist mit dir?»

«Du weckst Katharina auf.»

«Das ist mir scheißegal», brüllte sie und strampelte die Decke ab. «Lass mich los!» Sie versuchte aus dem Bett zu kommen, aber er hielt sie fest.

«Tu das nicht, Astrid, geh jetzt nicht weg», sagte er mit belegter Stimme.

Dann küsste er sie hart, drang tief mit der Zunge in ihren Mund. Sie stöhnte auf und biss ihm in die Unterlippe. Mit einer heftigen Bewegung schob er ihr Hemd hoch und nahm ihre Brustwarze zwischen die Zähne. Astrid keuchte, wand sich unter ihm und zog ihre Fingernägel über seinen Rücken.

Als er in sie glitt, riesig wie nie, zog sie scharf die Luft ein, aber sie bog sich ihm entgegen und bäumte sich wild auf unter seinen harten Stößen. Ihr Höhepunkt kam mit unglaublicher Macht, und als er sich in sie ergoss, spürte sie, dass sie weinte.

Dann lagen sie still.

Toppe strich ihr eine feuchte Haarsträhne aus dem Gesicht. «Ich liebe dich», flüsterte er.

«Ja», sagte Astrid. «Ja, ich liebe dich auch.»

Fünf Peter Cox war am Freitag noch früher als sonst ins Büro gefahren – mit dem Fahrrad, der Citroën stand in der schon vor Monaten angemieteten Garage –, denn er wusste, dass er keine Ruhe finden würde, solange er die Routinemaschine nicht in Gang gebracht hatte. Und dazu gehörte bei einer Mordermittlung zunächst einmal ein Namensabgleich aller Personen im Umfeld des Opfers. Cox hatte «Eugen Geldek» in den PC eingegeben und war allen Querverweisen gefolgt. Die Liste, die er schließlich auf dem Schirm hatte, war in der Tat beachtlich. Geldeks Kontakte reichten von Ministern, Bürgermeistern, Verwaltungsdirektoren über Geschäftsleute und Handwerker bis hin zu zwielichtigen Männern und Frauen mit den verschiedensten Vorstrafen.

Während die Daten viermal ausgedruckt wurden, war Cox, wie jeden Morgen, in die Teeküche gegangen, um eine Kanne Kaffee zu kochen, und hatte pünktlich um halb acht sein tägliches Frühstück zu sich genommen, eine Schnitte Vollkornbrot mit Cervelatwurst und ein halbes Rosinenbrötchen mit mittelaltem Gouda.

Danach hatte er sich in Geldeks alte Akte vertieft und die erste Tabelle des heutigen Tages geschrieben. Ein ausreichender Vorrat der von ihm selbst entworfenen Vordrucke dafür befand sich stets in der mittleren Schreibtischlade. «Tobias Joosten», hatte er notiert, «Martina Geldek, Peter Verhoeven, Kurt Korten.»

Um acht Uhr hatte Cox ein kurzes Telefonat geführt und daraufhin den letzten Namen sorgfältig durchgestrichen.

Auch Helmut Toppe hatte nicht viel geschlafen. Gegen halb fünf war er aus einem wirren Traum hochgefahren und hatte festgestellt, dass er allein war. Irgendwann in der Nacht musste Astrid in ihr eigenes Zimmer gegangen sein. Als er, noch benommen, die Decke zurückgeschlagen hatte, war ihm der schwere Geruch von Schweiß und Sperma in die Nase gestiegen, und er hatte leise frische Wäsche aus dem Schrank im Flur geholt und das Bett neu bezogen. Danach hatte er sich eine Zigarette angezündet und endlich den zusammenhanglosen Gedanken, die schon seit gestern in seinem Kopf rumort hatten, freien Lauf gelassen: Warum war eigentlich Escher der leitende Staatsanwalt im Prozess gegen Geldek gewesen? Die Ermittlungen im Mordfall Verhoeven hatte ein anderer geleitet, Dr. Stein, ein Staatsanwalt, mit dem die Zusammenarbeit immer unkompliziert und erfreulich gewesen war. Warum hatte der nicht auch gegen Geldek ermittelt, wo doch beide Fälle zusammenhingen?

Stein war Frühaufsteher, das wusste Toppe, oft sogar schon vor sieben im Büro, wenn im Gebäude noch alles ruhig war.

Escher – Toppe hatte versucht, sich an den Mann zu erinnern, und das erste Bild, das ihm in den Sinn kam, war eine unscharfe Fotografie gewesen. Wann und wo hatte er ein Foto von Escher gesehen? Nicht im Zusammenhang mit Geldeks Prozess, so viel war sicher, aber ... Die Erinnerung, die kurz aufgeblitzt war, hatte Toppe nicht festhalten können, weil sie sofort von Norberts Stimme übertönt worden war: «Vielleicht stand der ja bei Geldek auf der Lohnliste.»

Um halb sieben war Toppe nach unten gegangen, hatte den Frühstückstisch gedeckt, die Kaffeemaschine eingeschaltet und schließlich zum Telefon gegriffen.

Stein war über den frühen Anruf nicht im Mindesten erstaunt gewesen, sondern freundlich wie immer, bis Toppe seine Frage gestellt hatte.

«Nun ja, der Kollege war sehr interessiert an dem Fall, so weit ich mich erinnere ...»

«Aber es wäre doch wesentlich einfacher gewesen, wenn Sie die Sache verhandelt hätten. Escher musste sich doch erst von Grund auf einarbeiten.»

«Nun, das ist unser täglich Brot, Herr Toppe.»

Jetzt im Büro grübelte er immer noch darüber nach, warum Stein so reserviert gewesen war, welcher Unterton mitgeklungen hatte, und nahm nur am Rande wahr, dass Astrid telefonierte und van Appeldorn sich mit Cox unterhielt.

Als sein Handy läutete, schreckte er hoch.

Es war van Gemmern, der aus der Pathologie anrief. «Wir haben die Tatwaffe. Es ist einer von den Ufersteinen, die ihr angeschleppt habt. Bonhoeffer hat mir gerade bestätigt, dass das Blut, das dran klebt, von Geldek stammt.»

«Fingerspuren?»

«Keine verwertbaren, das Material ist zu rau. Auch sonst nichts, was Aufschluss über den Täter geben könnte.»

«Wäre ja wohl auch ein bisschen zu einfach gewesen», meinte Cox gelassen, nachdem Toppe berichtet hatte. «Hoffentlich kriegen wir schnell das Ergebnis der DNA-Analyse. Ich würde gern den Abgleich mit den Blutspuren von den Tatorten der letzten Jahre machen. Vielleicht haben wir da mehr Glück.»

Van Appeldorn lachte. «Und du hättest wieder eine neue Liste.»

«Genau», gab Cox unbeschwert zurück und sah Toppe an. «Ich weiß nicht, ob du das eben mitgekriegt hast ... Ich habe den '91er-Fall durchgesehen und mir gedacht, dass der Killer, dieser Kurt Korten, ja wohl ein erstklassiges Motiv hat, Geldek um die Ecke zu bringen. Wenn Geldek den tatsächlich gedungen hat und er dafür in den Bau gegangen ist, während Geldek selbst fröhlich in der Gegend rumläuft, muss Korten einen ganz schönen Rochus auf den haben. Aber leider, ich habe eben telefoniert, Korten sitzt noch. Der kann's also nicht gewesen sein.»

«Es sei denn, Korten hat jetzt seinerseits einen anderen beauftragt», meinte Astrid mit einem boshaften Lächeln.

«Aus dem Knast?»

«Ich könnte mir keinen besseren Ort vorstellen.»

«Da hast du auch wieder Recht.» Cox malte eine Reihe sauberer Punkte unter Kortens Namen auf seiner Tabelle. «Bleibt im Spiel», murmelte er.

«Wie sieht es mit Peter Verhoeven aus?», fragte Toppe in die Runde.

«Bleibt auf alle Fälle im Spiel», antwortete van Appeldorn. «Wenn der damals den Mord wirklich mitgeplant hat, war Geldek eine ständige Bedrohung.»

«Nach so langer Zeit?», zweifelte Astrid und zuckte dann die Achseln. «Na ja, wer weiß, was in den letzten Jahren zwischen denen so gelaufen ist ...»

«Tobias Joosten», begann Toppe, aber Astrid unterbrach ihn. «Der ist zu Hause und erwartet uns. Ich habe gerade angerufen.»

Eine Viertelstunde später waren sie unterwegs, Toppe zu Joosten, Astrid zum Verhoevenhof, van Appeldorn zu einem weiteren Besuch bei Frau Geldek, nur Cox blieb im Präsidium für den Fall, dass sich Zeugen auf den Presseaufruf meldeten, und um den Namensabgleich zu bearbeiten.

Astrid fuhr nicht direkt zum Hof der Verhoevens, sondern stattdessen mitten ins Dorf, stellte den Wagen ab und setzte sich auf eine Bank am Kriegerdenkmal. Seit dem Verhoevenfall damals war sie nicht mehr in Keeken gewesen, doch nichts schien sich verändert zu haben in der 600-Seelen-Gemeinde. Kein Mensch war zu sehen, aber sie wusste, dass man sie beobachtete, am Haus neben dem Friedhof hatten sich die Gardinen bewegt. Von irgendwo hinter der Kirche kam das hohe Kreischen einer Kreissäge, und auf dem Feld hinter der Pappelreihe zog brummend ein Traktor seine Spur.

Für einen kurzen Moment brach die Sonne durch die Wolken, und Astrid schloss die Augen und hob ihr das Gesicht entgegen. Sie hatte Mühe, ihre aufgewühlten Gefühle unter Kontrolle zu bringen und nicht weiter über den diffusen Schmerz nachzudenken, der ihr das Durchatmen schwer machte. Aber derart dünnhäutig konnte sie keine gute Vernehmung führen. Erst recht nicht mit jemandem wie Peter Verhoeven. Wenn der Mann sich in den letzten zehn Jahren nicht völlig verändert hatte, würde das Gespräch mit ihm kein Spaziergang sein.

Sie straffte die Schultern und machte sich auf den Weg.

Der Verhoevenhof war kaum wiederzuerkennen. Heute strotzte der einstmals heruntergewirtschaftete Betrieb mit seinen nahezu baufälligen Gebäuden nur so vor Wohlstand. Astrid entdeckte ein «bioland»-Schild. Der Hoferbe, Peter Verhoevens Sohn, hatte wahrhaftig ganze Arbeit geleistet.

Sie zögerte noch, ob sie zur Vordertür um die Ecke gehen sollte, als sie neben der sichtbar frisch verputzten Scheune einen Mann entdeckte, der pralle Kartoffelsäcke und Holzsteigen voller Gemüse in einen Lieferwagen lud.

Peter Verhoeven, stellte sie fest, als sie auf ihn zuging, und die letzten zehn Jahre waren gnädig zu ihm gewesen. Sein Haar zeigte keine Spur von Grau, und das Gesicht war immer noch, auf eine verlebte Art, attraktiv. Auch der klebrige Charme war noch derselbe.

«Ach guck mal an, die schöne Kommissarin, wenn ich mich nicht irre», rief er und zeigte blendend weiße Zähne. «Wie komm ich denn zu dieser unverhofften Ehre?» Dann fiel der Groschen, und er zog finster die Augenbrauen zusammen. «Lassen Sie's stecken! Geldek, oder?»

«Ganz recht», antwortete Astrid und nahm Block und Stift aus der Tasche. «Wo können wir uns unterhalten?»

Verhoeven lehnte sich gegen den Wagen, kreuzte die

Beine und legte die Arme übereinander. «Gleich hier, meine Schöne. Ich habe nichts zu verbergen.»

Astrid verzichtete auf einen Kommentar und entschied sich für den direkten Weg. «Wo waren Sie am Mittwoch, dem 8. 8., zwischen 14 und 17 Uhr?»

«Letzten Mittwoch?», er umfasste nachdenklich sein Kinn. «Da muss ich mal gründlich überlegen.»

Astrid ließ ihn, er hatte offensichtlich eine Menge Spaß an seinem Spiel. «Bitte, ich hab's nicht eilig.»

Da lachte er auf. «Nein, war nur ein Scherz. Ich weiß ganz genau, wo ich gewesen bin. Mittwochs fahre ich die Krefelder Tour.»

Wie sich herausstellte, belieferte er von montags bis samstags eine Reihe von Bioläden zwischen dem Niederrhein und Düsseldorf mit den verschiedenen Produkten des Hofes. «Und da habe ich meine festen Touren.»

«Spielen Sie eigentlich noch?»

Er zuckte nicht mit der Wimper. «Keine Zeit!» Dann eine großspurige Handbewegung. «Sie sehen ja, was hier zu tun ist.»

«Wohl eher kein Geld», dachte Astrid. Verhoevens Vater hatte damals seine Mühle und einiges an Land verkaufen müssen, um die Spielschulden seines Sohnes bezahlen zu können. So großzügig würde das Erbe kaum sein.

«Wie war Ihre Beziehung zu Eugen Geldek in den letzten Jahren?», fragte sie. «Haben Sie noch engeren Kontakt?»

«Ich höre immer Kontakt!» Verhoeven schnaubte hämisch. «Als bei mir nichts mehr zu holen war, hat dieser Großkotz mich mit dem Arsch nicht mehr angeguckt.»

Es klang echt.

«Na gut!» Astrid nickte und tippte mit dem Stift auf den Block. «Dann hätte ich jetzt gern ein paar Namen.»

«Was denn für Namen?» Verhoeven runzelte die Stirn.

«Leute, die bezeugen können, wo Sie am Mittwoch in der fraglichen Zeit gewesen sind. Ich höre!»

Er grinste wieder und kam so nah, dass sein Atem Astrids Wange streifte. «Wie könnte ich diesen Zigeuneraugen wohl etwas abschlagen?»

Auch Toppe fuhr nicht auf direktem Weg zu seiner Vernehmung nach Grieth, sondern entschied sich stattdessen für einen Umweg über Griethausen und den Oraniendeich, die Route, die Eugen Geldek am Mittwoch vermutlich gefahren war.

Das erste Stück der Deichstraße war zu beiden Seiten mit dichten Sträuchern bepflanzt – saftig grün nach dem anhaltenden Regen –, dann weitete sich das Panorama, und man hatte freie Sicht auf den schnell fließenden, mächtigen Strom.

Toppe entdeckte ein paar Kinder am Ufer, die im Sand herumkullerten. Sie hatten die Hosenbeine hochgekrempelt und planschten im Wasser. Er spürte einen leisen Stich, als er daran dachte, wie oft er als kleiner Junge seine Mutter angebettelt hatte, mit den anderen Kindern aus der Straße im Rhein schwimmen zu dürfen, was damals alle taten. Aber während Vaters Krankheit war kein Platz für Vergnügen gewesen, und nach dessen Tod hatte er sich gar nicht mehr getraut zu fragen. Nur einmal hatte Mutter ihm erlaubt, mit der Nachbarsfamilie nach Lörick ins Freibad zu fahren, aber bei seiner Heimkehr war sie ganz blass gewesen und hatte kaum mit ihm gesprochen.

Erst als ihn eine Lichthupe in den Rückspiegel schauen ließ, merkte er, dass er trödelte und sich eine Schlange hinter ihm gebildet hatte.

In Grieth musste er zweimal nach dem Weg fragen, bis er Joostens Bungalow gefunden hatte, der versteckt auf dem Gelände eines Obstbauernhofes lag.

Toppe konnte nicht sagen, wie er sich Geldeks Finanzberater vorgestellt hatte, aber mit Sicherheit hatte er keinen so jungen Mann erwartet, der ihn mit einem kräftigen Händedruck begrüßte und ihm dabei offen in die Augen blickte.

«Mein Chef mag gewesen sein, wie er will, Vorurteile hatte er keine. Er hielt mich für fähig, und da war es ihm egal, wie alt ich bin», meinte er, als er Toppes Überraschung bemerkte. Er sprach laut, denn hinter ihm purzelte lachend und kreischend ein ganzer Pulk von Kindern durcheinander. «Alles meine», erklärte Joosten. «Wir haben gleich zweimal den Joker gesetzt, einmal Zwillinge, einmal Drillinge.» Er drehte sich um. «Susanne!»

«Sekunde», antwortete eine Frauenstimme von weiter hinten im Haus. «Wir sind in fünf Minuten weg. Schließ dich doch so lange im Arbeitszimmer ein.»

Aber auch dort gab es zunächst mal keine Ruhe. Die ganze Zeit wurde an der Türklinke gerüttelt, geklopft, gebollert, gekichert, bis Joosten der Kragen platzte. Er hechtete zur Tür, riss sie auf und brüllte ein paar Sätze, die alle mit «wenn jetzt nicht sofort ...» und «wenn ich das noch einmal ...» anfingen.

Mit einem zerknirschten Lächeln kam er zurück. «Schwarze Pädagogik, ich weiß. Muss leider manchmal sein, eine Frage des Überlebens.»

Tobias Joosten war achtundzwanzig Jahre alt, gelernter Bankkaufmann und arbeitete seit drei Jahren für Geldek. Am Mittwoch hatte er den ganzen Tag Termine bei verschiedenen Banken in Köln und in Düsseldorf gehabt, aber gegen Mittag hatte ihn Geldek über sein Handy angerufen und erzählt, dass es wieder einmal Schwierigkeiten bei Multicasa gab.

«Er wollte, dass ich bei der Besprechung dabei bin, also bin ich direkt von Köln aus nach Duisburg gefahren. Alle waren da, bloß der Chef, der die Sitzung selbst einberufen hatte, tauchte nicht auf. Das war komisch, denn normalerweise ist der Chef pünktlich wie die Maurer. Ich habe sofort an einen Unfall gedacht, und mir war ziemlich mulmig, als ich ihn nicht erreichen konnte. Sein Handy war abgeschaltet und bei ihm daheim ging keiner ran. Ich wusste dann auch nicht, was ich tun sollte, also bin ich nach Hause gefahren. Und da erzählt mir Susanne, dass der Chef tatsächlich einen Unfall gehabt hat, und dass er ... na ja, dass er tot ist.»

«Um wie viel Uhr war das? Wann waren Sie zu Hause?»

«Ich glaube, so gegen halb sieben. Irgendein Reporter hatte hier angerufen und wollte ein Interview mit mir. Als Susanne gefragt hat, warum, hat er ihr von dem Unfall erzählt.»

«Es war kein Unfall», sagte Toppe.

«Ich weiß», meinte Joosten zögernd, «aber das habe ich erst heute Morgen aus der Zeitung erfahren. Wissen Sie denn inzwischen, ich meine ...» Er unterbrach sich selbst. «Dann wären Sie wahrscheinlich nicht hier, oder?»

Sie redeten über eine halbe Stunde miteinander. «Ich kenne die Gerüchte, die über Eugen Geldek in Kleve kursieren, genauso wie jeder andere», erzählte Joosten freimütig. «Deshalb wollte Susanne auch zuerst nicht, dass ich bei ihm anfange. Aber ich kann wirklich nichts Schlechtes über ihn sagen. Er war immer korrekt, geschäftlich meine ich. Privat, das weiß ich nicht. Ich meine, wir waren nicht befreundet oder so. Ich war ein Angestellter und hatte meinen Aufgabenbereich und damit Ende.»

Der junge Mann dachte lange nach, bevor er sagte: «Nein, ich wüsste nicht, wo sich Herr Geldek in den letzten drei Jahren geschäftlich jemanden zum Feind gemacht haben sollte, wirklich nicht.»

Es war still im Haus, als er Toppe zur Tür brachte. «Susanne wollte mit den Kleinen zum Fluss, damit ich ein bisschen Ruhe kriege. Ich muss zusehen, dass ich die Zahlen auf die Reihe bringe. Wer weiß, was jetzt wird.»

Toppe nickte abwesend und ließ seinen Blick über die Obstgärten schweifen. «Sie wohnen wirklich idyllisch.»

«Der Hof gehört meinen Schwiegereltern. Für die Kinder ist es ideal hier. Und ohne Omas Hilfe würde Susanne es gar nicht schaffen.» Er reichte Toppe die Hand. «Wenn mir doch noch etwas einfällt, melde ich mich.»

Mit der Martina Geldek, die ihm heute – geschminkt und ganz in Schwarz – gegenübertrat, kam van Appeldorn viel leichter zurecht. Sie wirkte zwar immer noch erschüttert und zerbrechlich, ließ aber keinen Zweifel daran, dass sie ihre Absicht geändert hatte. Sie würde der Polizei nicht zuarbeiten, unter keinen Umständen. Ihr Anwalt habe bestätigt, dass sie nicht dazu verpflichtet sei. Und sie würde mit allen ihr zur Verfügung stehenden Mitteln verhindern, dass der Ruf ihres Mannes geschädigt würde.

In ihren Augen lag wieder die abschätzende Härte, die van Appeldorn schon am Mittwoch aufgefallen war, bevor er seine Nachricht überbracht hatte.

Er hob eine Augenbraue und musterte sie.

«Fein», meinte er endlich. «Kommen wir zum Testament Ihres Gatten. Wer erbt?»

Sie hielt seinem Blick stand und schwieg.

«Dann nicht.» Van Appeldorn bedachte sie mit einem kühlen Blick. «Es müsste Ihnen eigentlich klar sein, dass es für uns ein Leichtes ist, sofort Einsicht in die letztwillige Verfügung Ihres Mannes zu nehmen. Was ich auch tun werde, da dürfen Sie ganz beruhigt sein. Fürs Erste gehe ich davon aus, dass Sie als Angetraute und Geschäftspartnerin des Verblichenen die Begünstigte sein werden.»

Ihre Stimme war schrill, ihr Gesicht nicht mehr nur abweisend, sondern voller Hass. «Ich verweigere jede weitere Aussage!» Sie hatte zu viel Parfüm aufgelegt, süß und schwer von Moschus.

«Das ist Ihr gutes Recht», antwortete van Appeldorn, «wenn auch etwas befremdlich. Sie scheinen zu vergessen, dass Sie nicht unter Anklage stehen. Wir suchen den Mörder Ihres Mannes. Aber nun gut, meine Pflicht ist es, Sie zu fragen, wo Sie am Mittwoch zwischen, na sagen wir, fünfzehn und siebzehn Uhr gewesen sind.»

«Was?» Für eine Sekunde war sie fassungslos, dann verschloss sie sich wieder. «Ich war hier zu Hause. Wenn Sie dafür Zeugen brauchen, haben Sie Pech. Ich habe niemanden getroffen und mit niemandem telefoniert.»

Van Appeldorn ließ sich Zeit mit der Rückfahrt zum Präsidium.

Was war seit gestern mit dieser Frau passiert? Warum der plötzliche Sinneswandel, die Abwehr, dieser Hass? Hatte sie angefangen, in Geldeks Vergangenheit herumzustochern, in den Zockerkreisen zum Beispiel? Und hatte man ihr sofort gezeigt, wo die Glocken hingen, ihr gedroht? Außerdem, das mit der guten Ehe konnte man ihr glauben oder auch nicht. Was, wenn sie die Nase voll gehabt hatte von Geldek? Wenn sie die andere Hälfte des Kuchens, den sie eh schon hatte, auch noch wollte? Sie hatte zwar behauptet, mit den Typen in Geldeks dunkler Vergangenheit nichts zu tun zu haben, aber musste man das glauben? Einen zweiten Kurt Korten zu finden, war mit der genügenden Knete wahrhaftig kein Problem. Und daran mangelte es ja wohl kaum.

Sechs Alle kamen sie kurz nacheinander ins Büro zurück, und als jeder berichtet hatte, schien selbst Cox für eine Weile seine zuversichtliche Laune verloren zu haben.

«Wir müssen die Geldek gründlichst überprüfen», sagte van Appeldorn schon zum zweiten Mal. «Jeden Stein umdrehen. Zehn zu eins, dass die etwas zu verbergen hat.»

Toppe seufzte, sie brauchten einfach mehr Leute.

«Zeugen haben sich keine gemeldet?», fragte van Appeldorn.

«Nicht einer», antwortete Cox. «Wenn sich da bis morgen nichts tut, lasse ich den Anrufbeantworter laufen. Dann bin ich flexibler und kann mit raus.»

Über irgendetwas dachte er offensichtlich nach, aber er sagte nichts, sondern legte nur jedem einen Ausdruck des Namensabgleichs auf den Platz. «Ich habe mir beide Ohren wund telefoniert. Sechs von den feineren Kandidaten können wir schon mal streichen. Die sitzen entweder im Bau oder befinden sich im Ausland.»

Toppes Blick wanderte über die Liste, bis er Eschers Namen gefunden hatte. Er folgte dem Querverweis. Natürlich! Die Kindesentführung vor vier Jahren. Kein Wunder, dass er nicht gleich darauf gekommen war. Er selbst hatte an dem Fall nicht mitarbeiten können, weil die Meinhard ihn wegen «groben Fehlverhaltens» für vier Monate vom

Dienst suspendiert hatte. Diese Zeit war heute für ihn lediglich ein graues Loch. Er erinnerte sich nur an dumpfe Wut, Müdigkeit, Astrids ungeplante Schwangerschaft, viele düstere Bücher, Schlafen. Aber er wusste, dass die Akte nicht geschlossen war. Das Kind war nie gefunden worden, Eschers Stieftochter.

Ein leises Klopfen an der Tür ließ ihn hochblicken.

Herein kam ein großer Mann, um die siebzig, mit einer beeindruckenden Nase. Er war kahl, bis auf einen flaumigen Haarkranz, dafür spross es ihm umso üppiger aus Nase und Ohren. «Bin ich hier richtig, was eine Zeugenaussage für den Unfall an der B 220 am 8. 8. angeht?»

Alle nickten. «Nur herein!», forderte Cox ihn freundlich auf.

«Beamter», dachte Toppe.

Der Mann schaute sich kurz um und wandte sich dann an ihn. «Schütz, mein Name, Oberamtmann a.D. Ich habe gezögert, ob meine Wahrnehmung für Sie überhaupt von Interesse ist ...»

«Nehmen Sie doch erst einmal Platz!» Toppe holte einen Stuhl. «Jeder Hinweis kann für uns wichtig sein.»

Herr Schütz war am Mittwochnachmittag nach Emmerich unterwegs gewesen, um seine Schwester dort vom Bahnhof abzuholen. Das fand Toppe schnell heraus, aber dann wurde es schwierig. Der Oberamtmann a.D. neigte zur Umständlichkeit. «... als ein mir unbekanntes Fahrzeug mir von links kommend in verkehrsgefährdender Weise die Vorfahrt nahm.»

Toppe blieb geduldig und entlockte ihm nach und nach die ganze Geschichte: Schütz war auf die Brücke zugefahren – mit der vorgeschriebenen Höchstgeschwindigkeit selbstverständlich –, und plötzlich war vom Oraniendeich aus Richtung Griethausen ein Auto direkt vor seinem Wagen vorbeigeschossen und mit unvermindertem Tempo weiter in Richtung Grieth gerast. Nur durch eine Vollbremsung hatte Schütz einen Zusammenstoß verhindern können. «Es handelte sich um einen so genannten Kleinwagen. Den Hersteller kann ich Ihnen zu meinem Bedauern nicht nennen. Mit dererlei Dingen habe ich mich nie beschäftigt. Auch das Kennzeichen habe ich leider nicht bewusst wahrgenommen. Ich möchte mich da gar nicht entschuldigen, es wäre meine Pflicht gewesen, aber vielleicht können Sie mir nachsehen, dass ich in meinem Alter in einer solch extremen Situation Probleme mit meiner Gesundheit hatte.»

Toppe nickte nur. «Welche Farbe hatte das Fahrzeug, das Sie geschnitten hat?»

«Es war ...» Schütz starrte ins Leere. «Es war rötlich, in gewisser Weise ...»

«Kann man das genauer kriegen?», mischte van Appeldorn sich ein.

Der Oberamtmann richtete sich kerzengerade auf. «Nein, zu meinem größten Bedauern ... Alles, was ich Ihnen sagen kann – wenn ich es noch einmal zusammenfassen darf – ist, dass ein Kleinwagen mit überhöhter, ungedrosselter Geschwindigkeit von links nach rechts die Vorfahrtsstraße gekreuzt hat, und dass ich eine Kollision durch eine Vollbremsung meinerseits gerade noch verhindern konnte. Das bewusste Gefährt war von rötlicher Farbe. Der Vorfall ereignete sich am 8. 8. um 15 Uhr 26.»

Während sich Schütz ungelenk verabschiedete, zog Astrid das Telefon heran und wählte die Nummer des Pizza-Taxis. Etwas Warmes zu essen würde sie alle wieder in Schwung bringen. Ohne Zögern gab sie ihre Bestellung durch, die seit vielen Wochen immer dieselbe war: Einmal die «28», zweimal die «13» mit Gorgonzola und für Cox die «52» in entschlackter Form, denn von Pilzen bekam er Ausschlag und Peperoni griffen seinen Zahnschmelz an.

Toppe ging zur Tafel und schrieb «15 Uhr 26» neben den Zeitplan, den sie bisher aufgestellt hatten: Geldeks Abfahrt von zu Hause, die geschätzte Fahrzeit bis zur Brücke, der Anruf bei der Rettungsleitstelle.

«Es passt», begann Astrid. «Die beiden Ereignisse könnten zusammenhängen. Geldek ist vor der Kreuzung in die Pontonstraße abgebogen. Etwa zur selben Zeit schießt dieser Kleinwagen oben über die Kreuzung. Es klingt vielleicht weit hergeholt, aber es könnte doch sein, dass der Wagen Geldek in die Pontonstraße abgedrängt hat.»

«Du meinst, der Wagen hat Geldek verfolgt?», hakte van Appeldorn nach.

«Man könnte sogar noch weitergehen», warf Toppe ein, «wenn wir an die Beule in der hinteren Stoßstange denken.»

«Dann bietet sich mir folgendes Szenario ...» Auch Cox beteiligte sich an ihrem Gedankenspiel. «Jemand verfolgt Eugen Geldeks Mercedes auf dem Oraniendeich, rammt ihn sogar, sodass Geldek versucht, über die Pontonstraße zu entkommen.»

«Der Verfolger rast geradeaus weiter über die Kreuzung,

bremst dann, biegt ab und kommt Geldek auf der Pontonstraße entgegen», vollendete van Appeldorn das Bild.

«Das hört sich alles ganz gut an», meinte Astrid. «Aber wenn da wirklich eine richtige Verfolgungsjagd abgelaufen wäre, dann hätten wir Zeugen. Es kann nicht sein, dass das keiner gesehen hat. Wisst ihr, was um diese Tageszeit auf den Straßen los ist?»

«Holländer!» Toppe schlug sich gegen die Stirn.

«Klar!» Cox wusste sofort, was er meinte. «Mindestens dreißig Prozent der Autofahrer in der Ecke sind Holländer. Noch ein Zeugenaufruf, also. In welche Zeitung?»

«De Gelderlander», antwortete Toppe und schaute auf seine Uhr. «Vor Montag können die das wohl nicht mehr bringen.»

«Eins steht jedenfalls fest, falls unsere Geschichte stimmt», überlegte van Appeldorn. «Der Verfolger kommt aus der Gegend. Zumindest hat er ausgezeichnete Ortskenntnisse.»

«Und er muss einen verdammt leistungsstarken Kleinwagen haben, wenn er mit Geldeks dickem Mercedes mithalten konnte», sagte Astrid und sah ebenfalls auf die Uhr. «Hoffentlich kommt die Pizza bald. Viel Zeit habe ich nicht mehr, die Tagesstätte schließt heute früher.»

Aber zuerst einmal kam der Staatsanwalt, der den Mordfall Geldek bearbeitete.

Toppe seufzte stumm. Oberstaatsanwalt Günther war ein knochentrockener Typ, unzugänglich, phantasielos und ohne jeglichen Humor. Entsprechend umständlich und freudlos verlief das Gespräch.

Die Pizza kam und wurde kalt, während Günther immer noch die Fakten sortierte. Es rührte ihn nicht, dass Astrid mehrfach demonstrativ auf die Uhr schaute und auch van Appeldorns ungeniertes Gähnen ließ ihn kalt.

«Kann ich davon ausgehen, dass Sie auch am Wochenende ermitteln?», fragte er schließlich.

«Selbstverständlich», antwortete Toppe erschöpft.

«Bitte bringen Sie mich gleich am Montag früh auf den neuesten Stand.»

Als van Appeldorn endlich nach Hause kam, war es schon nach sieben, aber Ulli erwartete ihn fröhlich und nach langer Zeit mal wieder unternehmungslustig. «Ich habe heute den ganzen Tag schon Lust auf Friko mit Kartoffelsalat. Lass uns in die Kneipe gehen, ja?»

Die «Kneipe» war viele Jahre lang van Appeldorns Stammlokal gewesen, und als seine Ehe in den letzten Zügen lag, hatte er dort mehr Zeit verbracht als zu Hause – immer an der Theke, immer allein. Seit er mit Ulli zusammen war, hatte sich das geändert. Die Kneipe war zwar dieselbe, aber wenn er alle paar Wochen einmal herkam, saß er an einem Tisch, mit Ulli. Manchmal wunderte er sich, wie sehr ihm das gefiel. Oft blieben sie drei Stunden oder länger, und Ulli fragte ihn aus, wollte alles über die Fälle wissen, die er gerade untersuchte. Sich daran zu gewöhnen, war ihm nicht leicht gefallen. Früher hatte er, wenn er das Präsidium verließ, seine Arbeit, so gut es eben ging, aus seinem Kopf verdrängt.

Auch heute Abend spekulierte Ulli, nachdem sie ein paar Anekdoten aus der Vorschule erzählt hatte, lebhaft über alle möglichen Motive, die Geldeks Mörder gehabt haben konnte, und ihre Augen glänzten dabei. Van Appeldorn zog ihre Hand zu sich heran und küsste die Innenfläche. Es war schön, dass es ihr wieder so gut ging.

«Psst!» Sie legte einen Finger an die Lippen. «Hör doch!»

An der Theke war die übliche Expertenrunde versammelt, die allabendlich, so lange van Appeldorn die Kneipe kannte, die Welt ins Döschen packte. Auch er hatte mit halbem Ohr mitgekriegt, dass mehrfach schon Geldeks Name gefallen war und winkte ab. «Lass die doch reden. Ich hab da gerade so eine Idee ...»

Aber Ulli entzog ihm ihre Hand und spitzte die Ohren. «Vielleicht erfährst du ja was Neues.»

Van Appeldorn schüttelte lachend den Kopf, nahm dann aber doch sein Bierglas in die Hand und lehnte sich zurück.

Die Männer an der Theke waren nicht gerade leise.

«Da kannste mich aber für angucken!», der Erste.

«Ach, geh mir doch weg!», der andere.

Dann wieder der Erste: «Doch, et is', wie et is', dat muss man einfach ma' sagen! In eine Hinsicht lass ich auf Geldek nix kommen: Der hat noch nie 'n kleinen Mann beschissen. Tatsache! Ich mein', wenn der einem wie uns hier wat inne Hand versprochen hat, dann konnteste aber drauf an.»

«Dat stimmt», meldete sich ein Dritter. «Ich mein', als unser Jürgen dringend dat Grundstück haben musste und dat mit de Bank 'n bisken eng wurde, dat war für Geldek keine Frage. In so wat war der immer kulant. Wenn de gesacht has', Geldek, ich weiß nich', wer mir sons' noch helfen könnt', dann hat der sich für dich in't Zeug gelegt un ers' ma' alle Fünf grade sein lassen.»

«Dat is' doch Kokelores», sprang der Zweite dazwischen. «Der Geldek is' doch nich' bei de Wohlfahrt. Wenn et dem innen Kram passt, sicher, da kann ich auch großzügig sein, kann doch jeder, wenn er nix zu verlieren hat. Un' ich sag nur eins: Der kommt ja nich' ma' von hier!»

«Da hasse auch wieder Recht, ma' so gesehn. Ich hab mich schon immer gefragt, wieso hat der die Baugenehmigung da oben am Berg gekriegt, wo doch der Willi – un' ich mein', der hat ja auch wat anne Füße – wo doch der Willi sich jahrelang die Hacken danach abgelaufen is'. Aber wat war? Nix! Dat muss man schließlich auch ma' überlegen.»

«Dat weiß doch wohl jeder, wie dat gelaufen is'! Wat meinste denn, wie der Chef vom Bauamt seine große Hütte bezahlt hat, he? Meinste, als Kackbeamter verdienste 'ne Million im Jahr, he?»

«Aber trotzdem», beharrte der Erste. «Dat einzige, wat ich sag, is', mit unsereins is' Geldek immer reell gewesen. Da lass ich nix drauf kommen. Un' dat den einer von hier abgemurkst hat, dat glaub' ich nich'. Ich mein', der hat doch inne ganz andere Liga gespielt. Man darf et ja nich' laut sagen, aber, wenn dat ma' nich' die Mafia gewesen is' ...»

Ulli kicherte, als van Appeldorn die Augen gen Decke schlug. «Komm, wir gehen nach Hause.»

Um halb drei in der Frühe wachte van Appeldorn auf, weil Ulli neben ihm im Bett saß, zitternd, die Arme um ihren Körper geschlungen, und wimmerte.

«Du hast geträumt.» Er setzte sich auf und wollte sie an sich ziehen, aber sie wehrte sich. «Ich gehe weg. Ich trenne mich von dir.»

«Ist gut», sagte er leise. «Komm her.»

Dann streichelte er sie, bis die Tränen kamen und sie schluchzte. «Ich bin ein Krüppel, Norbert, und das wird sich nicht mehr ändern, glaub mir. Ich gehe weg.»

«Das tust du nicht», entgegnete er ruhig. «Weil ich dich nämlich nicht gehen lasse. Ich will dich, hörst du? Ich liebe dich. Lass uns endlich heiraten.»

Sieben   Es war zwar eine Menge Routinearbeit zu erledigen, aber im Augenblick gab es noch keine viel versprechende Spur, der sie dringend folgen mussten, und so hatten sie den Wochenenddienst unter sich aufgeteilt.

Als Norbert van Appeldorn gegen neun ins Präsidium kam, bereute er, dass er sich so bereitwillig für den Samstag gemeldet hatte. So langsam machte sich der ständige Schlafmangel bemerkbar, die Glieder waren ihm schwer, sein Kopf wie mit Watte gefüllt. Er knurrte nur, als Cox ihn freundlich begrüßte. «Ein bisschen Bewegung könnte uns gut tun, hab ich gedacht, oder? Damit wir hier kein Moos ansetzen. Wir fahren gleich nach Geldern.»

«Ach was?» Van Appeldorn ließ sich auf den nächsten Stuhl fallen.

«Ja, oder hast du was dagegen? Korten sitzt in Pont und ich habe uns einen Termin beim dortigen Sicherheitsinspektor geben lassen. Wir können sofort losfahren.»

«Willst du ‹Polizist des Monats› werden.»

Wortlos wandte Cox sich ab und holte seinen Trenchcoat aus dem Schrank.

Van Appeldorn wischte sich über die Augen. «Schon gut, ich hab eine Stinklaune, ich weiß. Sei nicht sauer.»

Cox gab sich einen Ruck. «Ich bin auch nicht besonders gut drauf. Willst du vorher noch einen Kaffee?»

Aber van Appeldorn schüttelte den Kopf, ihm war schon flau genug. «Was ist denn mit dir? Hast du Probleme?»

«Na ja», druckste Cox. «So kann man's wohl nicht nennen ...»

«Jetzt red schon!»

«Ach, ich hab da vor ein paar Monaten eine Frau kennen gelernt, im Internet ...»

Van Appeldorn konnte sich das Lachen nicht verbeißen. «Erzähl mal was Neues!»

«Das versuch ich ja gerade, du Affe! Es ist anders als sonst ... ich meine, wir sind uns ziemlich nahe gekommen, wie man so sagt. Sie heißt Irina und lebt in Nowosibirsk.»

«Ich wusste gar nicht, dass du Russisch kannst.»

«Praktischerweise ist sie Deutschlehrerin. Jedenfalls wollen wir uns treffen, aber das geht nur, wenn sie herkommt und ich die Reise bezahle.»

«Und das kannst du dir nicht leisten, oder was?»

«Quatsch! Das Problem ist, ihr Visum gilt für zwei Monate, und so lange will sie auch bleiben.»

«Wo? Bei dir zu Hause?»

«So sind die Bestimmungen», nickte Cox.

Van Appeldorn runzelte die Stirn. «Ich weiß nicht, ich glaube, das würde ich mir nicht unter die Füße holen. Was ist, wenn sie dir nach drei Tagen auf die Nerven fällt? Oder wenn sie dich nicht riechen kann?»

«Eben, genau das liegt mir ja im Magen.» Cox holte seine Brieftasche heraus und hielt ihm ein Foto hin. «Das ist sie.»

Van Appeldorn warf einen kurzen Blick auf das Bild und stieß einen Pfiff aus. «Die ist Lehrerin? Bist du sicher?» Er betrachtete das Foto ausgiebig und gab es dann zurück. «Das könnten zwei sehr ... ähm ... interessante Monate werden, wenn du mich fragst.»

Währenddessen saß Toppe mit seiner Tochter am Frühstückstisch.

Wohl oder übel musste er auf die Zeitungslektüre verzichten, denn Astrid war beim Friseur, und Katharina wollte unterhalten werden.

«Ich weiß, was wir machen, wenn Mama wieder hier ist», sagte er, bestrich ein halbes Brötchen mit Butter und Erdbeermarmelade und legte es ihr auf den Teller. «Wir fahren alle drei an den Rhein, ja? Weißt du, an den Fluss, wo die großen Schiffe fahren. Und da baue ich mit dir eine Sandburg.»

«Mit Tunnel?»

«Mit zwei Tunnels, mindestens, und mit einer Brücke. Wer weiß, vielleicht können wir sogar im Wasser rumplanschen.»

Sie ruckelte an ihrem Stuhl. «Ich hole meine Sswimmflügel!»

Aber er hielt sie zurück. «Das können wir doch gleich noch machen.» Eigentlich war es zum Baden zu kalt.

Katharinas Augen verdunkelten sich, und sie fing an, die Marmelade vom Brötchen zu lecken. «Nein», meinte sie schließlich bestimmt. «Ich will zu Niko!»

Toppe nahm ihr das Brötchen weg. «Entweder du isst die Marmelade mit dem Brot oder du kriegst gar nichts!»

Sie legte den Kopf schief. «Okay», sie lächelte und streckte die Hand aus.

Er gab ihr das Brötchen zurück. «Du möchtest also lieber zum Ponyhof?»

«Ja, ich will zu Niko. Mit Oma und Opa!»

Toppe köpfte sein Ei.

«Gut», sagte er dann und räusperte sich. «Wenn Mama zurückkommt, fahren wir zum Ponyhof. Niko muss doch endlich mal deinen Papa kennen lernen, meinst du nicht?»

«Stimmt!» Sie strahlte, dann überlegte sie. «Niko kennt die Katharina und die Mama und die Oma und den Opa und den Clemens. Wir sind Freunde. Ponys müssen Freunde haben, ne?»

«Da hast du Recht, das glaub ich auch.»

«Clemens ist jetzt auch mein bester Freund, hat er gesagt.»

Toppe schaute alarmiert hoch. «Arbeitet Clemens auf dem Ponyhof?»

Aber Katharina plapperte schon weiter. «Melanie ist meine beste Freundin im Kindergarten und dann noch Tobias und Meike und Clemens. Aber der ist schon groß. Und die Mama ist deine beste Freundin, ne?»

Dann spitzte sie plötzlich die Ohren, ein Auto hielt vor dem Haus. «Mama!», jubelte sie, rutschte vor bis an die Stuhlkante, ließ sich zu Boden gleiten und flitzte in den Flur.

Toppe hörte den Schlüssel im Türschloss, den erstickten Aufschrei seiner Tochter: «Mami!», und ein Wimmern.

Er sprang auf, blieb aber sofort wie angewurzelt stehen.

«Meine Mama», schluchzte Katharina.

Astrid ging in die Hocke, drückte das Kind an sich und sah ihn an, Tränen in den Augen.

Er hatte ihr langes Haar geliebt, war verrückt danach gewesen.

«Ich will meine Mama!»

«Mäuschen, ich bin doch deine Mama! Das sind doch nur neue Haare. Komm, fühl mal.»

Astrid nahm Katharinas Händchen und fuhr damit über den streichholzkurzen Garçonschnitt. «Schön weich, nicht?»

«Nein! Ich will meine Mama!»

Toppe nahm seine Tochter auf den Arm, und sie versteckte ihr Gesicht in seiner Halsbeuge. Astrid hob hilflos die Hände.

«Du siehst gut aus», sagte er und trug das Kind in die Küche zurück.

«Nicht da?», rief Cox ungläubig. «Wieso ist Korten nicht da? Sie wussten doch, dass wir mit ihm sprechen wollten!»

«Falsch», erwiderte der Justizbeamte stur. «Sie haben einen Termin mit dem Sicherheitsinspektor vereinbart, und der bin ich. Davon, dass Sie auch mit Korten sprechen wollten, war nicht die Rede. Das wäre ja auch gar nicht möglich, denn Korten ist schon gestern Mittag in Urlaub gegangen. Sein Ausgang war seit langem genehmigt, und wir hatten keinen Grund, ihn zu streichen.»

«Das kann doch wohl nicht wahr sein!» Cox stieg die Zornröte ins Gesicht. «Ich erkläre Ihrem Kollegen am Telefon lang und breit, worum es geht, und der sagt mir nicht mal, dass Korten gar nicht da ist!»

«Tja, was Sie am Telefon gesagt haben, weiß ich nicht. Ich war ja nicht dabei», entgegnete der Beamte spitz.

Van Appeldorn machte eine ungeduldige Handbewegung. «Komm, lass stecken, ich hab keine Lust, mich über eure Pappnasen hier aufzuregen, jetzt ist es eh zu spät. Wann kommt Korten zurück?».

«Morgen Abend.»

Kurt Korten war noch nicht allzu lange Freigänger. Er hatte die Anstalt bisher nur an wenigen Wochenenden verlassen und war am letzten Mittwoch definitiv nicht draußen gewesen. Als Mörder und Langzeithäftling stand er in der Knasthierarchie ziemlich weit oben und war auch kein Duckmäuser, aber er hielt sich meist an die Regeln, es hatte nie grobe Verstöße gegeben. Über seine Außenkontakte gab es nicht viel zu berichten. Die freien Wochenenden verbrachte er bei seiner Mutter in Duisburg, einer anständigen Frau, die sich nie etwas zuschulden hatte kommen lassen. Theoretisch bestand natürlich die Möglichkeit, dass Korten einen früheren Mithäftling mit Geldeks Ermordung beauftragt hatte, meinte der Beamte, und sie könnten sich ja auch gleich mal die möglichen Kandidaten aufschreiben, aber im Grunde glaube er nicht daran.

«Als Korten gehört hat, dass Geldek über die Klinge gesprungen ist, war er völlig schockiert. Der hat Rotz und Wasser geheult.»

«Ach, kommen Sie», meinte van Appeldorn ungeduldig. «Der muss doch einen Riesenhass auf Geldek gehabt haben. Schließlich hat der ihn damals fallen lassen wie eine heiße Kartoffel, ihn quasi geopfert und verraten.»

«Eben nicht! Als ich hörte, dass Sie wegen Korten kommen, hab ich extra nochmal mit dem Abteilungsleiter telefoniert, der Korten am besten kennt, und der hat das bestätigt: Korten hat an Geldek gehangen, und er trauert um ihn.»

Katharina hatte ihren Kummer über Astrids Veränderung längst vergessen und konnte nicht schnell genug aus ihrem Kindersitz befreit werden, als sie am Reiterhof ankamen.

«Clemens!», quietschte sie und trippelte über den Hof auf einen Mann zu, der gerade mit zwei schweren Eimern aus der Scheune kam.

Toppe hielt Astrid zurück. «Wer ist dieser Typ?»

«Clemens?», fragte sie, verwundert über seinen barschen Ton. «Der arbeitet hier, Clemens Böhmer. Ist ganz nett, glaub ich, ein bisschen verschlossen, aber mit den Kindern geht er großartig um.»

Als der Mann die Eimer abstellte und sich zu der plappernden Katharina herunterbeugte, verlor sich sein vorher so mürrischer Gesichtsausdruck.

«Mit allen Kindern?», fragte Toppe. «Oder nur mit süßen kleinen Mädchen?»

«Wirklich, Helmut, du witterst nur noch Unheil überall!» Astrids Lachen klang gezwungen. «Clemens ist völlig harmlos. Er ist einfach nur nett. Zu den Mädchen genauso wie zu den Jungen. Er mag sie eben.»

Sie blieb stehen, um eine Gruppe von Kindern mit ihren Ponys vorbeizulassen, dann hakte sie sich bei ihm ein. «Jetzt komm und bring es hinter dich.»

Toppe sah sich argwöhnisch um. «Ist hier immer so viel Betrieb?»

«Nur an den Wochenenden. Normalerweise trifft man meist nur die Leute, die ihre Pferde hier stehen haben.

Aber samstags und sonntags kommen natürlich viele Familien, die sich Tiere für einen Ausritt leihen.»

Katharina hatte sich an Böhmers Arm gehängt. «Papa! Komm!»

Toppe streckte dem Mann seine Hand entgegen. «Toppe, guten Morgen. Wir kennen uns noch nicht.»

Böhmer blickte ihn aus zimtbraunen Augen verdrossen an. «Angenehm, Böhmer.»

Von seiner Größe und Statur her wäre er der ideale Jockey gewesen, aber seine Haltung, Rundrücken und Hängeschultern, war schlaff und merkwürdig energielos.

Toppe hatte seine Kindheit und Jugend in der Stadt verbracht, und die größten frei laufenden Tiere, denen er damals begegnet war, waren Hunde gewesen. Seit er am Niederrhein lebte und arbeitete, hatte sich der Kontakt zu anderen Tierarten nicht immer vermeiden lassen, aber Pferde und Kühe in unmittelbarer Nähe machten ihn immer noch nervös.

Niko war angenehm klein und schien ihm einigermaßen wohl gesonnen, schnoberte an seiner tapfer ausgestreckten Hand. Katharina war völlig aus dem Häuschen, ließ sich hochheben, um dem Pony einen Kuss zu geben, und wollte reiten.

Astrid setzte sie aufs Pferd und zwinkerte Toppe zu. «Reiten bedeutet, ich führe sie eine Runde um den Hof. Dauert nicht lange», flüsterte sie.

Toppe zündete sich eine Zigarette an und blickte ihr nach. Kurze Löckchen kringelten sich in ihrem Nacken, der ihm auf einmal zerbrechlich vorkam. Katharina jauchzte vor Freude, und Astrid drehte sich zu ihm um.

Die neue Frisur ließ ihre Augen größer wirken, betonte die Wangenknochen. «Sie ist wunderschön», dachte er traurig.

Er fuhr zusammen, als ein mächtiger Schimmel angedonnert und wenige Meter neben ihm zum Stehen kam. Seine Reiterin saß geschmeidig ab, zog die Kappe vom Kopf und schüttelte ihre silberblonde Lockenmähne. Plötzlich kreischte sie auf, so schrill, dass ihm die Ohren klingelten: «Asssi? Ich werd verrückt!» Sie rannte über den Hof. «Bist du das wirklich? Das gibt's doch gar nicht!»

«Mareike!» Die beiden Frauen umarmten sich, dabei schnatterte Mareike schon weiter: «Was für eine tolle Frisur! Ich hätt dich fast nicht erkannt. Steht dir sagenhaft gut. Reitest du endlich wieder? Hast du ein neues Pferd?»

«Nein, nein, meine Tochter fängt gerade an zu reiten.» Astrid klang verlegen. «Ihr Pony steht hier.»

Jetzt erst bemerkte Mareike das Kind. «Ach genau, Mensch, du hast ja Nachwuchs gekriegt. Das ist deine Tochter? Ist die niedlich!» Sie kraulte Katharina unterm Kinn. «Na, wie heißt du denn, Süße?»

Katharina verzog trotzig den Mund und drehte das Gesicht weg, aber das schien Mareike nicht aufzufallen. «Meine Güte, ja, Kinder, ich hätte gar keine Zeit dafür. Du weißt, dass Robert und ich uns getrennt haben? Die Agentur mache ich jetzt ganz alleine. Ich kann dir sagen, das stresst vielleicht! Man kommt zu gar nichts mehr, nicht mal mehr zum Reiten. Ich such schon seit Ewigkeiten jemanden, der Hector regelmäßig bewegt. Aber das kann natürlich nicht irgendwer sein.»

Katharina fing an zu knaatschen. «Mir ist langweilig.»

Toppe trat seine Zigarette aus und überquerte den Hof.

«Sei mal still, Schätzchen!» Mareike strich sich eine Locke aus dem Gesicht. «Mensch, das ist ja überhaupt die Idee, Assi! Hättest du keine Lust, Hector zu reiten? Du wärst einfach ideal.»

Astrid zuckte skeptisch die Achseln und sah Toppe entgegen. Mareike drehte sich um. «Halloo ... ist das dein ... Mann? Tagchen! Ich habe Assi gerade vorgeschlagen ...»

«Mama!», brüllte Katharina, mittlerweile fuchsteufelswild. «Ich will reiten!»

Toppe schaute sie tadelnd an, griff dann aber nach dem Halfter. «Ich dreh die Runde mit den beiden. Bleib du ruhig hier.»

Astrid starrte ihn verblüfft an, sagte aber nichts.

«Und ich finde die Idee übrigens prima», setzte er hinzu. «Du hattest doch eh vor, wieder zu reiten.» Behutsam zog er am Halfter, aber Niko schnaubte nur und senkte den Kopf.

«Ssnalzen», belehrte ihn Katharina. «Wir müssen immer ssnalzen.»

Endlich setzten sie sich in Bewegung, und während ihm vor Anspannung der Rücken schweißnass wurde, hörte er Mareike weiterquasseln: Wie «phantastisch» dieses Wiedersehen sei, gerade heute, wo doch abends der jährliche Reiterball ins Haus stünde. Wenn das kein Wink des Schicksals wäre! «Alle von früher» würden da sein. Sogar Jörg sei wieder im Lande und tatsächlich immer noch «solo», und wie der wohl staunen würde, wenn seine «alte Flamme» plötzlich vor ihm stünde. «Du musst einfach kommen, Assi!»

Dann senkte Mareike ihre Stimme, aber Toppe konnte sie ohne Mühe verstehen. «Oder macht dein Gespons dir etwa Schwierigkeiten?»

Astrid murmelte irgendetwas und rief: «Helmut, hast du Lust, heute Abend auf einen Reiterball zu gehen?»

«Augenblick, bin gleich da», antwortete er und umfasste Katharina, die sofort losschimpfte: «Nich festhalten, Papa! Ich kann das alleine.»

«Na, was meinst du?» Er las die Bitte in Astrids Augen. «Wär doch bestimmt mal lustig.»

«Bestimmt, aber heute Abend kann ich wirklich nicht. Ich hab mir eine Akte mitgenommen, die ich durchsehen will.» Er wusste genau, wie lahm das klang. «Warum gehst du nicht alleine? Wir müssen doch nicht beide zu Hause hocken», fügte er hinzu und schenkte Mareike ein besonders gewinnendes Lächeln. «Du hast doch Gesellschaft.»

Acht Van Appeldorn und Cox hatten eine Weile am Computer gesessen und ein paar Telefonate mit Kollegen und Bewährungshelfern geführt. Die Hand voll Männer, die der Sicherheitsinspektor in Pont ihnen als mögliche Täter genannt hatte, war schnell überprüft.

«Eigentlich komisch», sagte Cox, «aber wenn ich ehrlich sein soll, bin ich nicht traurig, dass dabei nichts rumgekommen ist. Keiner von diesen Knackis ist aus der Gegend hier. Wenn's einer von denen getan hätte, wäre unsere schöne Theorie im Eimer gewesen, dass unser Täter erstklassige Ortskenntnisse haben muss. Und ich kriege gerade so richtig Spaß an unserer Hypothese.»

Van Appeldorn rieb sich die Augen. An Tagen wie diesem konnte er Peters eigenwilligen Eifer nur schwer ertragen. Aber gut, der hatte fast fünfzehn Dienstjahre weniger auf dem Buckel als er, und vielleicht wurde man ja zwangsläufig etwas seltsam, wenn man irgendwo in der Walachei bei seinen uralten Großeltern aufgewachsen war und seine Eltern nicht gekannt hatte.

Er reckte sich und stand auf. «Ich mach mich auf die Socken.»

Peter Cox sah ihn verdutzt an. «Ich dachte, wir wollten uns mit Geldeks Imperium beschäftigen. Deshalb hab ich doch gestern extra die ganzen Unterlagen bei der Stadt und beim Kreis besorgt, Handelsregister und all das.» Er deutete mit vorwurfsvoller Miene auf den Aktenstapel auf der Fensterbank, aber van Appeldorn schien das nicht zu rühren. «Fang du ruhig schon damit an. Ich höre mich erst mal in Geldeks Nachbarschaft um, ob sein wertes Weib am Mittwoch tatsächlich brav zu Hause war und was es sonst noch über sie zu berichten gibt. Die hat sich so widersinnig verhalten, da ist was oberfaul, kann gar nicht anders. Und ich will verdammt sein, wenn ich das nicht rauskriege.»

Cox nickte nur. Mittlerweile hatte er sich an van Appeldorns und Toppes sprunghafte, oft von Intuitionen bestimmte Arbeitsweise gewöhnt. Sie machte ihn nicht mehr nervös, und die Ergebnisse waren ja auch überzeugend, aber er selbst ging die Dinge anders an, manchmal etwas langsam vielleicht, aber immer darum bemüht, nichts zu übersehen. Wie oft schon waren scheinbare Nebensächlichkeiten zum Knackpunkt geworden.

Die Geldek'schen Firmen schrieben, so weit er das überblicken konnte, schwarze Zahlen. Eugen Geldek besaß ein Unternehmen in Kleve mit dem Namen ‹Swan›, das Sportartikel herstellte. Offenbar hatte Geldek vor sieben Jahren eine örtliche Sportschuhfabrik übernommen, die Pleite zu gehen drohte. Mit einer ordentlichen Finanzspritze und der neuen Produktpalette hatte er die Firma wieder rentabel gemacht, sogar neue Arbeitsplätze geschaffen. Weiter gab es da ein Reiseunternehmen, ‹Landlord›, das Ferien auf dem Lande anbot, und zwar nicht nur am Niederrhein, sondern auch in Belgien und England, und schließlich war da noch eine Spielhallen GmbH mit über fünfzig Läden im Ruhrgebiet.

Die dicksten Gewinne schienen vier Hoch- und Tiefbaufirmen einzufahren, jeweils eine in Kleve, Duisburg, Düsseldorf und Köln. Zumindest hatten sie in den letzten Jahren an vielen sehr großen, renommierten Objekten mitgearbeitet. Diese vier Unternehmen gehörten Martina Geldek, die übrigens Architektin war.

Wieso liefen die nicht, wie alles andere auch, auf ihren Mann? Das konnte interessant sein. Auf alle Fälle war die Frau nicht arm. Wenn sie was mit dem Mord zu tun hatte, konnte Geldgier kaum das Motiv gewesen sein.

Cox blätterte und fand Geldeks jüngstes, ambitioniertes Projekt, die Stiftung, die Opfer von Gewalttaten betreute, und dann zwei weitere Stiftungen, die etwas mit Klever Museen zu tun hatten.

Stiftungen? Was bedeutete das? Er zögerte nur kurz, dann suchte er Günthers Handynummer heraus. Warum nicht? Schließlich wurde der oft als Wirtschaftsstaatsanwalt eingesetzt und musste sich auskennen. Und wenn er schon erwartete, dass sie am Wochenende arbeiten, musste er sich auch ein paar Fragen gefallen lassen.

«Ja!», bellte es aus dem Hörer.

Cox war es nur recht, dass er sich nicht mit Artigkeiten aufhalten musste.

Offenbar hatte sich auch Günther bereits mit Geldeks Unternehmen beschäftigt, und es war ihm gelungen, die Struktur auseinander zu tüfteln. Sein Erfolg schien ihn zu beflügeln, denn er gab für seine Verhältnisse fast schon geschwätzig seine Ergebnisse weiter und ließ sich am Ende des Gesprächs sogar zu einem Kichern hinreißen.

Peter Cox schaute auf die Uhr und stellte fest, dass er

völlig aus dem Zeitplan geraten war. Er zwang sich zur Ruhe, aß sein Mittagsbrot, die täglichen zwei Stücke Toblerone-Schokolade, rauchte eine Zigarette und setzte sich dann erst an das Diagramm des Geldek'schen Imperiums. Nach drei Anläufen sah das Ganze endlich so aus, wie er es sich vorgestellt hatte. Er ging hinaus zum Kopierer, vergrößerte den Plan und war gerade dabei, ihn sorgsam an ihre Tafel zu heften, als van Appeldorn zurückkam, einen Ausdruck grimmiger Zufriedenheit im Gesicht.

«Ich zuerst diesmal», beeilte sich Cox.

«In Ordnung.» Van Appeldorn rollte seine Hemdärmel hoch; der Sommer hatte sich entschlossen, doch noch ein Intermezzo einzulegen.

«Schau dir das hier mal an.» Cox zeigte auf seine Skizze. «Günther hat mir eben die Konstruktion erklärt. Das hier sind Geldeks Firmen, das sind die Firmen seiner Frau, und dies hier sind Stiftungen, eine fürs Haus Koekkoek, eine fürs Museum Kurhaus, und eine dritte ist diese Opfergeschichte, über die wir neulich gesprochen haben. Da überall buttert Geldek Knete rein.»

Van Appeldorn betrachtete stirnrunzelnd das Diagramm und versuchte, daraus schlau zu werden. «Ohne, dass dabei was rumkommt? Das macht doch keinen Sinn. Warum sollte Geldek in Zuschussunternehmen investieren? Schließlich war er Geschäftsmann.»

«Reputation», antwortete Cox. «Ihr habt doch selbst erzählt, wie viel ihm an einer weißen Weste lag. Außerdem sind das doch nur scheinbar Zuschussunternehmen. Was meinst du, wie viel geschäftliche Kontakte man in diesen

Stiftungskreisen knüpfen kann? Von den guten Beziehungen zur Stadt mal ganz abgesehen. Die bringen einem dann wieder die entsprechenden Bauaufträge für die Firmen. Und steuerlich rechnet sich so was allemal. Aber das ist alles nicht so wichtig.» Cox tippte mit dem Zeigefinger auf sein Diagramm. «Hier wird's interessant. Da gibt es nämlich noch diese Stiftung in Liechtenstein.»

«Hat Geldek da etwa auch ein Bauunternehmen?»

«Nein, nein, das ist was ganz anderes. Günther hat mir erklärt, wie das funktioniert. Geldek ruft eine Stiftung in Liechtenstein ins Leben. Dazu muss man wissen, dass Liechtenstein dem schweizerischen Steuergesetz unterliegt, und das bedeutet, Stiftungen zahlen keine Steuern. Außerdem müssen die dort weder gemeinnützig sein noch irgendeinen Zweck angeben. Also pass auf: Geldek zahlt die Profite, die seine ganzen Firmen machen, auf dieses Stiftungskonto ein.»

«In Liechtenstein.»

«Eben nicht! Das Geld verlässt Deutschland gar nicht, weil die Liechtensteiner Stiftung nämlich ihr Konto bei einer Bank in Kleve hat.»

«Ach was? Und wie kommt Geldek an das Stiftungsgeld ran?»

«Ganz einfach, die Stiftung stellt Barschecks auf Geldek aus, das darf sie nämlich. Und das Geld, das da fließt, muss nicht versteuert werden, weil's ja eine Liechtensteiner Stiftung ist, die nicht unters deutsche Steuergesetz fällt.»

Van Appeldorn schüttelte ungläubig den Kopf. «Und so was ist legal?»

«Völlig legal, meint Günther. Verrückt, nicht?»

«Dann könnte das doch jeder machen!»

«Stimmt!»

«Sind wir blöd!»

«Vielleicht.» Cox wiegte den Kopf. «Aber auf so was muss man ja auch erst einmal kommen. Und bei den paar Kröten, die unsereins auf der hohen Kante hat, lohnt sich der Aufwand vermutlich nicht.»

«Da bin ich mir nicht so sicher», murmelte van Appeldorn und schaute wieder auf das Diagramm. «Hm, und die Bauunternehmen gehören alle ihr? Ach klar, die hat Geldek bestimmt noch vor seinem Konkurs überschrieben, bevor er sich abgesetzt hat. Vielleicht liegt da ja der Hase im Pfeffer ... Der Dame geht nämlich der Arsch mächtig auf Grundeis. Die Nachbarn waren erfreulich gesprächig, sehr beliebt ist die Frau anscheinend nicht. Am Mittwoch hat man Geldek zur fraglichen Zeit abfahren sehen, allein. Ob seine Frau zu Hause war, wusste keiner, aber allen ist aufgefallen, dass Martina Geldek sich in ihrer Hütte verbarrikadiert. Nicht nur, dass die Hoftore abgeschlossen sind, sie hat auch das zweite Sicherheitstor vorgeschoben, und die Wachhunde laufen Tag und Nacht frei herum. All das sei höchst ungewöhnlich. Ich bin auch bei Geldeks Putzhilfe gewesen. Die Frau ist völlig verstört, denn die Geldek hat ihr gestern gekündigt, telefonisch und ohne einen Grund zu nennen.»

«Und seit wann hat sie sich so verschanzt? Erst seit Mittwoch oder schon vorher?»

«Das wollte keiner beschwören. Es könnte auch schon ein paar Tage länger so gehen. Glaub ich allerdings nicht, denn als ich am Mittwoch ankam, war das Sicherheitstor offen. Eins steht jedenfalls fest, die Frau hat panische Angst. Die Frage ist nur, warum.»

«Sie kennt den Mörder», schlug Cox vor.

«Sieht ganz so aus. Aber warum sollte der auch hinter ihr her sein?»

Cox schabte mit den Fingernägeln über seine Bartstoppeln. «Du meinst, das könnte was mit ihren Baufirmen zu tun haben?»

Als van Appeldorn nach Hause kam, fand er Ulli, am ganzen Körper zitternd, in eine dicke Wolldecke gepackt, auf dem Sofa vor.

Sie war in der Fußgängerzone mit einem so schweren Anfall von Atemnot zusammengebrochen, dass Passanten den Notarzt gerufen hatten.

«Da war irgendein Geruch in der Luft, ich glaube, es war Urin.» Sie konnte nur flüstern. «Ich *bin* dann wieder in der Kiste, verstehst du? Ich bin dann wirklich in diesem Sarg! Ich verdurste, ich ersticke. Sie bringen mich um.»

Van Appeldorn küsste ihr die Tränen weg. «Jetzt bin ich ja bei dir.»

Aber sie wandte das Gesicht ab. «Es wird nie aufhören.»

Katharina hatte es wie immer gespürt, dass Astrid noch weggehen wollte, und machte beim Zubettbringen großes Theater, wollte eine zweite Geschichte vorgelesen bekommen, ein Glas Saft, knaatschte und fuhr schließlich ihr stärkstes Geschütz auf: «Ich hab aber Angst!»

Toppe schob Astrid aus dem Kinderzimmer. «Und du lässt dich nicht wieder weich klopfen. Du wolltest um acht

Uhr gehen, und das tust du auch. Ich kümmere mich schon um unseren Haustyrannen.»

«Mama!», greinte Katharina.

Toppe holte tief Luft. Wenn er jetzt die Nerven verlor, würde das hier noch Stunden so weitergehen. «Wovor hast du denn Angst, Liebchen? Erzähl's mir.»

Um neun Uhr kam er endlich dazu, Norbert anzurufen, um zu fragen, was es Neues gab. Dann setzte er sich an seinen Schreibtisch und schlug die Akte auf, die im Sommer 1997 angelegt worden war: der Fall Alina Escher.

Noch monatelang, als die Sonderkommission, die die Entführung bearbeitet hatte, längst aufgelöst worden war, war dieser Fall in den Köpfen aller Beteiligten herumgespukt. Man fand sich nicht leicht damit ab, dass ein Fall unlösbar schien, bei einem Gewaltverbrechen war es besonders schwer, wenn ein Kind das Opfer war, unmöglich. Das war wohl auch der Grund, warum Toppe etliche Nachträge in der Akte fand. Sie stammten fast alle von Walter Heinrichs, seinem inzwischen pensionierten Kollegen, der Einzige vom KK 11, der in der *Soko Alina* gewesen war. Er hatte sich offensichtlich, wenn Leerlauf war, immer mal wieder mit der Geschichte befasst. Kein Wunder, Walter hatte selbst fünf Kinder.

Toppe legte die handschriftlichen Notizen, mit denen er noch nicht viel anfangen konnte, zur Seite, blätterte zum Anfang zurück und beschäftigte sich mit den Fakten.

Am Donnerstag, den 12. Juni 1997, verschwindet Alina Escher, vier Jahre alt, irgendwann zwischen 15 Uhr und 15 Uhr 30 spurlos aus dem elterlichen Garten.

Spurlos? Toppe stutzte und blätterte ein paar Seiten vor.

Man hatte tatsächlich keinerlei Spuren eines Kampfes oder gewaltsamen Eindringens in den umzäunten Garten gefunden, nicht einmal Schuhspuren, was allerdings nicht weiter verwunderlich war, denn das Anwesen war von einem breiten Kiesstreifen eingefasst. Die einzigen Reifenspuren in der Nähe stammten von den Fahrzeugen der Eltern.

Er überflog das nächste Protokoll.

Gernot Escher war 1988 Oberstaatsanwalt am Klever Landgericht geworden. 1994 hatte er Maren Großkurth, die Tochter eines Kollegen, geheiratet, die ein Kind, Alina, mit in die Ehe brachte. Escher hatte das Mädchen nach der Eheschließung adoptiert. Gleich darauf war die Familie in ihr neu gebautes Einfamilienhaus gezogen. *Nössling*, lautete die Adresse, und sie sagte Toppe nichts. Es musste irgendwo außerhalb sein, denn es gab – zumindest 1997 – keine unmittelbaren Nachbarn, folglich keine Augenzeugen.

Er blätterte wieder zum Anfang zurück.

Der 12. Juni ist für die Familie Escher ein ganz normaler Tag. Am Morgen fährt Gernot Escher wie üblich zum Gericht, wo er bis gegen 17 Uhr zu tun haben wird. Maren besucht mit Alina ein Kennenlernfest in dem Kindergarten, den das Mädchen ab August besuchen soll. Danach machen Mutter und Kind ein paar Einkäufe, essen eine Kleinigkeit zu Mittag und gehen gemeinsam zum Spielen in den Garten. «Wir haben unsere neuen Sträucher und Pflanzen gegossen. Alina spielt so gern mit dem Gartenschlauch», berichtet die Mutter bei der ersten Vernehmung.

Es ist ein ungewöhnlich warmer Tag, und Maren Escher, zu dem Zeitpunkt im siebten Monat schwanger, geht ins Haus, um kurz zu duschen. «Ich war verschwitzt und fühlte mich nicht wohl. Alina saß in der Sandkiste und spielte. Sie war ganz vertieft, deshalb habe ich sie nicht mit reingenommen. Man kann sie gut eine Weile allein lassen, sie beschäftigt sich gern selbst. Und es hat ja auch nicht lange gedauert. Wenn ihr langweilig wird, kommt sie mir sowieso immer nachgelaufen. Ich habe alle Türen offen gelassen. Sie konnte die Dusche hören, und ich hätte sie gehört, wenn sie mich gerufen hätte.»

Als Maren Escher in den Garten zurückkehrt, ist Alina nirgendwo zu finden, auch im Haus keine Spur von ihr. Die Mutter schließt das Gartentor auf – «Es war abgeschlossen, wir schließen immer ab wegen Alina» – und sucht auf dem Zufahrtsweg, läuft bis zum nahen Sportplatz.

Gegen 16 Uhr ruft sie ihren Mann an, der sofort nach Hause kommt und noch einmal alles absucht. Er fährt zur Mehrer Straße, dann sogar bis zur Kranenburger Straße, klingelt bei Anwohnern, spricht Passanten an, aber keiner hat Alina gesehen, keinem ist etwas Ungewöhnliches aufgefallen.

Um 19 Uhr fährt Maren Escher zum Polizeirevier und gibt eine Vermisstenmeldung auf. Gernot Escher bleibt im Haus für den Fall, dass Alina heimkehrt.

Toppe rieb sich die Augen. Wieso ließ der seine hochschwangere Frau, die sicherlich außerdem verstört und aufgeregt war, zur Polizei fahren und blieb selbst zu Hause? Anscheinend hatte niemand zu dem Zeitpunkt diese Frage gestellt, denn er fand keine Antwort. Mehrer Straße, Kranenburger Straße? Eschers Haus stand also in Donsbrüggen.

Um 19 Uhr 20 erhält Escher den Anruf eines Mannes, der Alina entführt haben will und Lösegeld fordert. In der Vernehmung durch einen Kommissar Peters aus Krefeld erinnert sich Escher an den genauen Wortlaut. «Er sagte nur zwei Sätze, dann legte er auf: *Wir haben deine Tochter. Wir wollen 150 000 Mark.*»

Es sei, der Stimme nach, ein jüngerer Mann gewesen, der ohne nennenswerten Akzent gesprochen habe, ein bisschen hastig, ein bisschen gepresst.

Konnte es sein, dass Escher den Mann kannte? Der Kommissar hatte an dieser Stelle mehrfach nachgehakt, schließlich hatte der Anrufer Escher geduzt. «Mein Gott, ich habe mit Hunderten von Menschen zu tun, mit Tausenden vielleicht über die Jahre. Da kann ich natürlich nicht sicher sein, aber die Stimme hat mir nichts gesagt ... Keiner freut sich, wenn er eingebuchtet wird, aber ernsthafte Drohungen? Nein, nichts, was mir im Gedächtnis geblieben wäre.»

«Deine Tochter ...» Toppe nickte. Aber 150 000? Wieso so wenig? Wieso denn keine Million oder wenigstens eine halbe?

Clemens Böhmer schaute von der Empore auf die Tanzfläche hinunter. Hier oben standen ein paar staubige Stühle, und es war noch stickiger als unten im Saal, aber wenigstens glotzte ihn keiner an. Was hatte er hier verloren, wieso war er überhaupt gekommen? Mit ihm redete ja doch niemand. Waren sich zu fein dafür, diese Schleimscheißer!

Von Astrid Steendijk hätte er das nie gedacht. Sie war so normal und immer ganz nett zu ihm gewesen, und jetzt hüpfte sie da unten bei diesen Schickimickis herum, Küsschen hier, Küsschen da, und ließ sich von diesem Langhaarigen anbaggern, den er noch nie gesehen hatte, der aber anscheinend eine ganz große Nummer war.

Er wischte sich die Schweißperlen von der Oberlippe und stützte sich auf das Geländer. Aber der alte Steendijk war ja genauso ein Heuchler, immer ein Schulterklopfen und ein paar warme Worte. In Wirklichkeit war er dem doch scheißegal, einfach der letzte Dreck.

Und das bloß, weil er im falschen Stall geboren war, kinderreich und die meiste Zeit ohne Mutter, weil die Alte mit irgend so einem Schwanzlurch durchbrennen muss.

Nein, die Steendijk war auch nicht besser als die anderen Warmduscher da unten mit ihren Sektflöten und Nobelschnittchen. Sie schien nichts dagegen zu haben, dass dieser Yeti die ganze Zeit seine Hand auf ihrem Hintern hatte. Und die wollte Mutter sein! Dabei war die Kleine ein Engelchen. Genauso eins hatte er immer für sich haben wollen. Hätte auch geklappt, wenn Sibylle ihn nicht hätte fallen lassen. Genau wie all die anderen, von denen er immer nur Arschtritte gekriegt hatte. Sie war keinen Deut besser, dabei hatte er ihr wirklich geglaubt. Und jetzt hatte sie einen neuen Kerl und sogar ein Blag angenommen. Vielleicht auch so ein Engelchen wie das von der Steendijk.

Jetzt ließ die sich von dem Typen auch noch abküssen!

Angewidert wandte er sich ab.

Neun   Auf dem Weg zum Präsidium setzten sie Katharina bei Astrids Eltern ab.

«Früher haben wir sie mitgenommen, wenn wir beide am Wochenende ins Büro mussten», brummte Toppe.

«Da war sie auch noch ein Baby und hat die meiste Zeit geschlafen», gab Astrid gereizt zurück.

«Wenn sie nicht so verwöhnt würde, wäre sie nicht so anspruchsvoll und könnte sich auch mal eine Weile allein beschäftigen.»

«Sie ist nicht anspruchsvoll, sie ist bloß einfach erst drei Jahre alt. Für dich wäre sie am besten gleich erwachsen auf die Welt gekommen!» Astrid stieg aus und knallte die Autotür.

Ihr Vater kam mit ausgebreiteten Armen die Treppe heruntergelaufen. Er küsste seine Tochter, gab ihr einen Klaps auf den Po und ging dann in die Knie. «Da kommt ja meine kleine Opamaus!»

Katharina hüpfte ihm munter entgegen.

«Und wenn Kati dem Opa ein dickes Küsschen gibt, dann kriegt sie auch eine Überraschung.»

Toppe biss sich auf die Lippen. «Was ist es denn diesmal?», murmelte er und trommelte mit den Fingern auf das Lenkrad. «Ein eigenes Rennpferd? Oder vielleicht doch eher ein schnuckeliger, kleiner Lear-Jet?»

Astrid winkte noch einmal und stieg wieder ins Auto. «Du glaubst gar nicht, wie mich das nervt.» Sie klang zerknirscht. «Mit mir war der früher genauso.»

Toppe schwieg.

«Blöd, dass wir nachher extra nochmal nach Asperden fahren müssen, um meinen Wagen abzuholen», meinte sie. «Tut mir Leid, aber ich hätte nicht mehr selbst fahren können. Ich hatte ganz schön einen im Tee. Weiß gar nicht mehr, wann ich eigentlich zu Hause war.»

«Zwanzig nach fünf.»

«Meine Güte, kein Wunder, dass ich so kaputt bin! Hab ich dich etwa geweckt? Ich war doch ganz leise.»

«Ungefähr so leise wie eine Herde Büffel.» Wider Willen musste er schmunzeln. «Ich hab noch nie jemanden so laut schleichen hören.»

Astrid errötete. «Doof!»

«Ist doch egal, Hauptsache, du hattest Spaß.»

«Na ja», sie senkte den Blick, «mit dir zusammen wär's schöner gewesen.»

«Da bin ich mir nicht so sicher. Ich glaube, ich bin in letzter Zeit nicht besonders amüsant.»

«Ist mir kaum aufgefallen.»

Toppe räusperte sich. «Wir können dein Auto auch morgen abholen. Katharina wird nach dem Kindergarten sicher zu Niko wollen, oder? Und du möchtest dich doch bestimmt mit deinem neuen Reitpferd anfreunden.»

Sie wandte sich ab. «Ich weiß gar nicht, ob ich wirklich wieder regelmäßig reiten will.»

«Aber warum denn nicht? Es wird dir gut tun.»

Sie lachte bitter auf. «So stellst du dir das also vor! Ich

soll mich vergnügen, damit du in Ruhe Trübsal blasen kannst. Mein Gott, ich würde viel lieber was machen, das uns beiden gut tut, aber das scheint nicht in deinen Kopf zu gehen ... Ach, Mist, vergiss es, falscher Zeitpunkt, wir reden später drüber.»

Der Parkplatz am Präsidium war praktisch leer, und auf der Wache ging es gemächlich zu. Der Diensthabende blätterte in einer Zeitschrift und mümmelte ein Stück Sahnetorte. «Morgen!» Er winkte sie heran. «Wollt ihr auch ein Stücksken? Hat Theo springen lassen, der hat heute Geburtstag.»

«Danke», meinte Toppe. «Später vielleicht.»

«Dann ist bestimmt nix mehr da.»

«Auch nicht schlimm. Ruhigen Dienst noch!»

Astrid schloss die Bürotür auf. «Haben Norbert und Peter gestern eigentlich irgendwelche Fortschritte gemacht?»

«Schon, ich erzähl's dir gleich. Ich koche uns nur schnell eine Kanne Kaffee.»

Aber als er zurückkam, telefonierte Astrid schon mit Peter Cox. Toppe stellte den Kaffee auf dem Schreibtisch ab und studierte Cox' sauber gezeichnetes Diagramm. Schließlich legte Astrid den Hörer auf. «Diese Liechtensteiner Stiftung ist ja wohl der Hammer!» Sie schien auf einmal hellwach. «Aber ob das irgendwas mit dem Mord zu tun hat?»

«Kaum, der einzige Geschädigte bei der Konstruktion ist der Staat, und der bringt im Allgemeinen keine Leute um.» Er setzte sich an den Schreibtisch, zog einen Block heran und fing an zu schreiben.

«Hat Norbert dir von der Geldek erzählt?», fragte sie.

«Hm ...»

«Wir sollten uns die nochmal vorknöpfen.»

«Hm ...»

Astrid verdrehte die Augen, nahm ihre Notizen, suchte die Namen der Geschäfte heraus, die Verhoeven am Mittwoch beliefert haben wollte, und griff zum Telefonhörer.

Toppe schaute gedankenverloren auf, nahm sein Handy und ging hinaus auf den Flur. Er erwischte Günther auf dem Golfplatz.

«Peter Verhoeven ist sauber», verkündete Astrid, als er wieder ins Büro kam. «Und wen hast du angerufen?»

«Günther, er soll mir bis morgen die Akte von Geldeks Prozess damals wegen seines betrügerischen Konkurses raussuchen. Mir kommt das Strafmaß, das Escher gefordert hat, reichlich milde vor, wenn ich es richtig in Erinnerung habe.»

«Was hast du bloß an diesem Escher gefressen?», schimpfte sie. «Mich interessiert im Augenblick viel mehr, was mit Martina Geldek los ist. Warum hat sie plötzlich solche Angst? Vielleicht hat sie ja doch was mit dem Mord zu tun. Vielleicht hat sie ja einen beauftragt, und der erpresst sie jetzt. Peter meint, ums Erbe könnte es ihr nicht gegangen sein, sie hätte selbst genug Geld. Aber es gibt auch noch andere Motive. Die Putzfrau hat erzählt, wie sehr die Geldek an ihrem Mann gegangen hat. Was ist, wenn Geldek eine andere hatte und seine Frau verlassen wollte, und sie ist einfach durchgeknallt?»

«Ein gedungener Mörder?» Toppe schüttelte den Kopf. «Überleg doch mal! Würde der sich auf eine Schlägerei einlassen, bei der er womöglich selbst etwas abkriegen könnte? Würde der als Waffe einen Stein wählen, der da zufällig rumliegt?»

«Nein, wahrscheinlich nicht.» Astrid rieb sich die schmerzenden Schläfen. «Du hast ja Recht. So einer würde schießen, oder sich eine andere sichere Methode aussuchen.»

«Eben, und wie sollte er Geldek unter die Rheinbrücke gelockt haben? Auf keinen Fall würde der ihn in einem Auto verfolgen, oder? Nein, die Tat riecht eindeutig nach Affekt.»

«Wenn wir mit unserer Verfolgungstheorie richtig liegen! Lass uns bloß hoffen, dass sich ein paar holländische Zeugen melden, sonst können wir wieder ganz von vorn anfangen.» Sie zündete sich eine Zigarette an und drückte sie nach dem ersten Zug angeekelt wieder aus. «Aber dass die Geldek urplötzlich – nach dem Mord an ihrem Mann – panische Angst hat, das willst du doch nicht abstreiten?»

«Natürlich nicht.»

«Aber warum, verflucht nochmal? Ob es irgendwas mit ihren Baufirmen zu tun hat?»

«Wir werden es herausfinden», erwiderte er ruhig.

«Warum sprichst eigentlich nicht du mal mit ihr?» Sie hob herausfordernd das Kinn. «Schließlich kennst du sie von früher und kannst sie am besten einschätzen.»

«Das wag ich zu bezweifeln.»

Der Montag begann mit einer kleinen Sensation: Peter Cox kam zu spät zum Dienst!

«Ich wollte nur kurz durch die Waschstraße fahren, aber das hat länger gedauert, als ich dachte.»

«Waschstraße?», staunte van Appeldorn.

«Na ja», druckste Cox, «eigentlich wollte ich gleich ganz lässig fragen, ob einer bei mir mitfahren will, aber jetzt hab ich's versaubeutelt. Ich habe mir nämlich ein Auto zugelegt! Wollt ihr mal gucken?»

Bereitwillig folgten sie ihm alle auf den Parkplatz und bewunderten das gute Stück gebührend. Aber als sie ihre kurze Frühbesprechung abgehalten hatten, war ihre Laune wieder gedämpft, und der restliche Tag verlief zunächst einmal mehr oder minder unerfreulich.

Toppe traf sich mit dem Staatsanwalt und erfuhr, dass Günther 1991 noch gar nicht in Kleve gewesen war und Geldeks Fall nicht kannte. Aber er hatte sich, wie gewünscht, die Prozessakte angesehen, und Toppe musste sich belehren lassen, dass das Strafmaß «völlig im Rahmen des zu Erwartenden» gewesen sei. Er spürte Missbilligung, aber das wunderte ihn nicht. Was maßte er es sich als kleiner Kripomann, der nie eine Universität von innen gesehen hatte, auch an, etwas von Jura verstehen zu wollen?

Van Appeldorn und Cox durften sich Kurt Kortens mit Leidensmiene vorgetragene Lebensgeschichte anhören: Er wäre ohne Vater aufgewachsen, hätte mit fünfzehn Jahren Eugen Geldek kennen gelernt, der ihn von Anfang an wie einen Sohn behandelt hätte. Sicher hätte er krumme Dinger gedreht, manchmal auch in Geldeks Auftrag, und dafür riss er jetzt hier seine Zeit runter. Aber Geldek habe ihn niemals fallen lassen. Im Gegenteil, seit Korten im Knast war, hätte Geldek seine Mutter unterstützt, ihr eine schöne Wohnung besorgt, in der sie mietfrei wohnte, und ihr auch sonst finanziell unter die Arme gegriffen, damit sie sich ein ruhiges Leben machen und was Anständiges auf den Tisch bringen konnte, wenn ihr Sohn auf Urlaub kam.

Sie nahmen Korten ganz schön in die Mangel, besonders van Appeldorn war da nicht zimperlich, aber er blieb bei seiner Geschichte und verhielt sich vollkommen glaubwürdig. Norbert van Appeldorns Laune sank bis nahe an den Gefrierpunkt. Eugen Geldek – der barmherzige Samariter!

Astrid blieb im Präsidium, weil frühmorgens das DNA-Ergebnis der Speichelprobe aus der Bisswunde an Geldeks Hand gekommen war. Schon seit Jahren machte man bei Gewalt-, besonders bei Sexualdelikten, DNA-Analysen, seit 1998 gab es eine DNA-Datei. Astrid setzte sich also an den PC, um einen Abgleich zu machen, war aber bei den gespeicherten Personen noch nicht fündig geworden, als Toppe zurückkehrte.

Sie spürte, dass er wütend und frustriert war, ging jedoch nicht darauf ein, sondern erklärte, sie müsse für eine Weile vom Bildschirm weg und überredete ihn zu einem Besuch bei Martina Geldek.

Toppe, dem das Gewissen schlug, weil er sich an der alltäglichen Ermittlungsarbeit so wenig beteiligt hatte, willigte schnell, wenn auch halbherzig, ein. Wie er erwartet hatte, öffnete die Geldek ihnen nicht, obwohl sie zu Hause sein musste, denn die Hunde liefen frei, gebärdeten sich wie Furien, und die Überwachungskamera summte.

Erst als Cox und van Appeldorn von ihrem Ausflug nach Pont zurückkamen, schien der Tag eine neue Wendung zu nehmen. Im Flur vor dem Büro wartete nämlich ein Mann.

«Ach, toch! Ich dachte schon, du hättest Feierabend gemacht.»

Van Appeldorn stöhnte nur, schloss die Tür auf und ging voraus ins Büro. Ein Holländer der besonders freundlichen Art!

«Feierabend?» Cox zog die Augenbrauen hoch. «Um halb zwölf mittags?»

«Ja gut, ich weiß nicht so viel von die Arbeitszeit von die duitse Beamten. Was war es dann? Ein – wie nennst du das – ein Frühstückspause?»

Bei Cox fiel der Groschen recht langsam. «Was können wir denn für Sie tun?», fragte er aufgeräumt und überhörte van Appeldorns neuerliches Stöhnen.

«Du für mich? Das ist gewaltig! Ich hab in die Zeitung gelesen, dass du Hilfe nötig hast und da bin ich natürlich meteen – warte mal – da bin ich natürlich sofort gekommen.»

Van Appeldorn hielt die Tür weit auf. «Stap maar naar binnen, meneer! Wij zijn heel dankbaar, dat u ons helpen wilt.»

«Ou, eine Beamte, die multilinguale Talenten hat, das ist echt eine Überraschung! Willst du Unterstützung von die Euregio bekommen?»

Van Appeldorn rang sich ein Grinsen ab. «Keine schlechte Idee.»

«Ich soll trotzdem deine Sprache gebrauchen. Daran bin ich toch gewohnt in dein Land.»

Der Mann, der in Millingen aan de Rijn lebte, hatte am Mittwochnachmittag mit seiner Frau eine Spazierfahrt durch den Niederrhein gemacht.

«Wir wollten nach die Kernwasserwunderland von unsere Landsmann. Also, wir reiten lecker über die Deich, denn man hat da eine ausgezeichnete Ausblick auf die wunderbare chemische Fabriken von Emmerich, begreifst du. Und plötzlich ist da hinter uns so 'n laute Krach. In mein Spiegel sehe ich zwei verrückte Autos. Eine große und eine kleine, die gegen die große stoßt. Und sie kommen dicht bei.»

«Was haben Sie gemacht?», wollte Cox wissen. «Man kann doch dort nirgends ausweichen.»

«Ich habe gebetet und mein Frau hat ein bisschen geschrien.»

Als die beiden Wagen bis auf zwei, drei Meter herangekommen waren, sei plötzlich der größere – «das war vielleicht ein Mercedes» – nach links in einen Weg geschlingert. Der andere habe noch mehr Gas gegeben und den Holländer in der Kurve überholt.

«Ich bin beinah von die Deich abgekommen. Da hat mein Frau noch ein bisschen mehr geschrien und ich habe ein bisschen mehr gebetet.»

Er hatte gerade noch sehen können, wie der Kleinwagen ohne zu bremsen über die Kreuzung geschossen war und dabei um ein Haar einen anderen Wagen gerammt hatte.

«Haben Sie das Kennzeichen gesehen?», fragte van Appeldorn.

«Ja, natürlich, es war duits!»

Cox bemerkte van Appeldorns finstere Miene und schaltete sich ein: «Mehr wissen Sie nicht?»

«Ich nicht, aber mein Frau hat gesehen, dass es eine Nummernplatte von Kleve war. KLE, dann eine Buchstaben oder zwei und zwei Ziffern. Das denkt sie zumindest.»

«Was war das für ein Auto? Ich meine, welche Marke?»

«Marke? Ou, ich begreife. Das wissen wir nicht. Eine kleine, das ist klar. Und die Farbe war so etwas wie Rot.»

«Ach was?» Van Appeldorn legte den Kugelschreiber aus der Hand. «Und was bedeutet ‹so etwas wie Rot›? War der Wagen nun rot oder nicht?»

Der Holländer zog nur die Augenbrauen hoch und betrachtete sein Gegenüber interessiert.

«Also? War das Auto rot? War es pink, lila, purpur, bordeaux, orange?»

«Oranje?» Der Mann schmunzelte. «Das sollte ich wohl wissen. Oranje war es nicht. Aber welche andere Farbe precies, das erinnere ich mich nicht.»

«Und was passierte dann?», hakte Cox nach. «Sind Sie geradeaus gefahren, weiter Richtung Kernwasserwunderland?»

«Das ist richtig. Aber ich bin toch ein bisschen bang vor die duitse Polizei. Ich habe gewartet, bis die Straße frei war.»

«Wie mutig, dass Sie trotzdem zu uns gekommen sind», knurrte van Appeldorn. «Haben Sie den Kleinwagen danach noch einmal gesehen? Sie fuhren ja auf derselben Straße.»

«Mein Name ist nicht Schumacher.»

«Kurz nach der Kreuzung geht links ein Weg zum Rhein hinunter. Haben Sie den bemerkt?»

«Ich habe nicht nach links geguckt. Ich hab mein Frau angeguckt. Die ist nämlich noch schöner als deine chemische Fabriken. Und sie ist bijzonder schön, wenn sie wütend ist. Und sie war bijzonder wütend auf die duitse Autofahrer.»

Cox nahm das Protokoll auf, das der Mann erst unterschrieb, nachdem er es sorgfältigst durchgelesen hatte. Dann verabschiedete er sich. «Siehst du, nun kannst du endlich lecker dein Mittagspause machen!»

Toppe hatte das Protokoll gefunden.

Es war Walter Heinrichs gewesen, der Maren Escher gefragt hatte, warum sie selbst und nicht ihr Mann zur Polizei gefahren war, um Alina als vermisst zu melden. «Sie ist mein Kind», hatte sie geantwortet, mehr nicht. Walter schien das gereicht zu haben, denn er hatte nicht weiter nachgehakt.

Toppe rieb sich den verspannten Rücken, stand auf und öffnete beide Fensterflügel. Es war wieder wärmer geworden und in der Luft lag der Geruch von frisch gemähtem Gras. Die Dämmerung färbte alles grau, irgendwo lachte ein Mann.

«Sie ist *mein* Kind» ... Was wollte sie damit sagen? Escher ist nicht Alinas Vater, er ist nicht für sie verantwortlich? Keiner ist mit einem Kind enger verbunden als die Mutter?

«Helmut?»

Er schreckte zusammen und drehte sich um. Astrid lächelte ihn an. «Ich hab uns eine Flasche Wein aufgemacht. Kommst du runter? Gleich läuft ein Hitchcock, ohne Werbepausen!»

Er schüttelte den Kopf und deutete mit einer vagen Handbewegung auf die fünf prall gefüllten Ordner, die er mit nach Hause genommen hatte. «Ich hab noch einiges zu tun ...»

Das Lächeln verschwand. «Na, dann viel Spaß noch!» Damit war sie schon die Treppe hinuntergelaufen.

Er seufzte und schloss die Tür. Die Soko Alina war gleich am Tag nach der mutmaßlichen Entführung zusammengestellt worden: Vierzehn erfahrene Leute, die in den folgenden Wochen quasi rund um die Uhr gearbeitet hatten. Es gab keinen Hinweis auf mangelnden Einsatz oder Schlamperei.

Auf der anderen Seite aber gab es keine unlösbaren Fälle. Irgendwo in diesen Hunderten von Protokollen steckte eine Spur, eine Aussage, irgendetwas, das irgendjemand übersehen oder auch nur falsch interpretiert hatte, ein Häkchen, das in die falsche Öse gerutscht war.

Über sechzig Leute hatten sich damals bei der Soko gemeldet, weil sie Alina gesehen haben wollten, oder weil sich jemand, den sie kannten, ungewöhnlich verhielt, sich verdächtig machte. All diesen Tipps war man nachgegangen. Über sechzig Berichte, die er lesen musste. Er gähnte. Und er musste sich vor Ort ein Bild machen. *Nössling – Eschers Haus,* schrieb er auf seinen Block.

Von Anfang an hatte die Soko auch ein mögliches Sexualdelikt in Betracht gezogen. Man hatte Speichelproben von allen einschlägig bekannten Männern der Umgebung genommen, sogar Speichelproben von allen Freigängern der Forensik in Bedburg-Hau. Das alles in der Hoffnung, Alina zu finden und an ihrer Kleidung oder ihrem Körper Spuren von Körperflüssigkeiten oder Hautpartikel des Täters.

Toppe griff nach seiner Zigarettenschachtel, hielt aber plötzlich inne. Da war sie ja endlich – Eschers zweite Vernehmung! Zwei Tage nach Alinas «Verschwinden».

Escher hatte den Anruf des Entführers entgegengenommen – Zeugen dafür gab es nicht. Ein einziger Anruf, ein einziger Satz, danach Schweigen. Der angebliche Entführer hatte sich nie wieder gemeldet. Hatte Escher sich diesen Anruf aus den Fingern gesogen? Hatte er selbst etwas mit dem Verschwinden des Kindes zu tun?

Eschers Alibi für die fragliche Zeit an jenem 12. Juni 1997 war mager. Am Morgen hatte er zwei Verhandlungen gehabt, danach einige Besprechungen. Um 14 Uhr 20 war er in sein Büro gegangen, um zu arbeiten. Nach eigener Aussage hatte er es einmal verlassen, um zur Toilette zu gehen. Man hatte schließlich eine Zeugin aufgetrieben, eine junge Rechtsanwaltsgehilfin, die Escher auf dem Flur gesehen hatte. Die genaue Uhrzeit konnte sie allerdings nicht nennen, gegen fünfzehn Uhr, vielleicht früher, vielleicht später. Die Zeugin stand in keinem privaten Kontakt zu Escher, auch das hatte man überprüft. Der Anruf von Maren Escher war um kurz nach vier eingegangen, und ihr Mann hatte sich sofort auf den Heimweg gemacht. Ein Kollege erinnerte sich, Escher auf dem Parkplatz an der Schwanenburg gesehen zu haben. Aber auch dieser Zeuge konnte keine genaue Angabe zur Uhrzeit machen.

Es müsse allerdings vor siebzehn Uhr gewesen sein, denn er habe sich gewundert, dass Escher früher als üblich das Gerichtsgebäude verließ.

In allen weiteren Vernehmungen war Escher bei seiner Version geblieben, und seine Frau hatte anscheinend nicht den geringsten Zweifel an seiner Geschichte.

Toppe fand einen handschriftlichen Vermerk von Walter Heinrichs am Rand und nahm sich daraufhin einen anderen Ordner vor. *Pressearchiv,* notierte er. Die Buchstaben verschwammen ihm vor den Augen. Er war todmüde. Umständlich streifte er seine Schuhe ab, ließ sich aufs Bett fallen und löschte das Licht. Escher war also schon vor der «Entführung» kein unbeschriebenes Blatt gewesen ...

Zehn   Am nächsten Morgen war Astrid gereizt, nörgelte an Katharina herum, trieb sie zur Eile an. Toppe ließ sein Frühstück stehen und nahm seine Tochter auf den Arm. «Ich bringe sie heute in den Kindergarten, einverstanden? Dann hast du noch eine halbe Stunde Ruhe für dich.»

In der Tagesstätte war es noch still. Katharina war meistens das erste Kind, das kam, aber ihr gefiel das. Da hatte sie die Erzieherin eine Weile für sich allein, konnte schon mal das Kaninchen füttern oder sich ihr momentanes Lieblingsspielzeug schnappen, ohne sich mit einem anderen Kind einigen zu müssen. Toppe durfte sie immer nur bis zur Tür bringen, hineingehen wollte sie allein, weil sie schon «groß» war. Die Erzieherin winkte ihm zu, sie strotzte nur so vor Energie. Wie beneidenswert – er winkte zurück und ging. War er eigentlich auch im Kindergarten gewesen? Er konnte sich nicht erinnern. Auch von seinen ersten Schuljahren hatte er nur verschwommene Bilder im Kopf.

Er fuhr gar nicht erst zum Präsidium, sondern gleich zum Pressearchiv. Dort kannte man ihn, wusste, dass er nicht gern am Bildschirm arbeitete, und gab ihm gleich den Schlüssel für den Keller, wo die gebundenen Jahrgänge der *Niederrhein Post* verstaubten.

Er war gerade dabei, die ersten schwarzen Bände vom Juni 1997 zu einem Tisch zu schleppen, als sein Handy vibrierte. Fluchend holte er es aus der Tasche und drückte auf den Knopf.

Es war Astrid: «Tobias Joosten ist tot!»

«Wie bitte?» Er setzte sich hin. «Geldeks Finanzberater?»

«Ja! Man hat ihn eben gefunden auf einem Bauernhof in Reichswalde. Die Kollegen sagen, er ist übel zugerichtet worden.»

«Zugerichtet?»

«Ja, Herrgott nochmal! Was ist denn los mit dir? Wo steckst du überhaupt? Wir sind schon unterwegs, du kommst also am besten direkt hin. Der Hof liegt gleich am Wald. Eberhard heißen die Leute, und die Adresse ist *An der Hand*. Weißt du, wie du dahin kommst?»

«Ich werd's schon finden.»

Der Hof – ein Langhaus mit Wohnräumen vorn, Kuhstall und Tenne im hinteren Teil, quer dazu eine Scheune – lag einsam, weit außerhalb vom Dorf. An drei Seiten wurde er eingerahmt von Feldern mit jungen Zuckerrüben, Mais und Ackerbohnen, an der vierten Seite vom Reichswald, der hier besonders finster war, weil kaum Laubbäume das dunkle Geflecht der Tannen und Fichten auflockerten.

Toppes Wagen holperte über den unbefestigten Feldweg, der schlammig und nach dem vielen Regen in den letzten Tagen voller Pfützen war. Das ganze Anwesen wirkte ein wenig verwahrlost. Neben der Scheune watschelten ein paar schmutzige Gänse im Matsch und suchten vergeblich nach Futter. Hinter dem Haus grasten auf einer Obstwiese ein paar Mutterschafe und Lämmer unter den wachsamen Blicken eines kapitalen Bocks. Toppe fuhr im Schritttempo vorbei. In ihrer Wohngemeinschaft hatten sie auch Schafe gehabt, aber ihr Bock war längst nicht so ein Prachtexemplar gewesen wie dieser hier, dafür umso hinterhältiger.

Er verzog den Mund. Wahrscheinlich lebten seine Tiere schon nicht mehr. Das Paar aus Oberhausen, das den Hof mitsamt der Schafe, Hühner und Katzen gekauft hatte, war zwar ganz wild aufs Landleben gewesen, hatte jedoch von Tuten und Blasen keine Ahnung und schien auch nicht besonders langmütig zu sein.

Er hielt neben dem Polizeiwagen und wechselte ein paar Worte mit den Kollegen.

«Sie kannten das Opfer, hab ich gehört?»

«Na ja», meinte Toppe, «ich hab nur einmal mit ihm gesprochen.» Er sah das Kindergewusel in Grieth wieder vor sich und merkte, dass er die Hände zu Fäusten geballt hatte.

Der Tote lag kopfunter an einer Böschung, die die Weide zum Wald hin begrenzte. Neben ihm hockte van Gemmern und machte Aufnahmen. Ein paar Meter entfernt standen van Appeldorn und Astrid und sprachen mit einem vierschrötigen Mann, der seine Hände nicht ruhig halten konnte. Er fuhr sich damit über den Kopf, steckte sie in die Hosentaschen, rieb sich die Arme. Vermutlich war er es gewesen, der Joosten gefunden hatte. Toppe stieß das Gatter auf und ging zur Leiche hinüber. Joosten lag auf dem Rücken. Sein Haar war blutdurchtränkt, über der linken Augenbraue klaffte eine große Wunde, mitten auf der Stirn war eine bläulich verfärbte Beule, an der linken Halsseite eine eingeblutete Stelle. Er hatte Abschürfungen im Gesicht und an den Händen. Sein dunkelgrauer Anzug war lehmverschmiert.

Toppe trat einen Schritt zurück. Der laubbedeckte Boden hier war weich und feucht und teilweise von jungen Brombeerranken überwachsen.

«Haben Sie schon was?»

Van Gemmern nahm die Kamera runter. «Nichts.»

Astrid war herübergekommen. «Der Bauer hat ihn gefunden, Knut Eberhard, als er heute früh die Schafe tränken wollte. Viel gesagt hat er bis jetzt noch nicht. Er scheint mir ziemlich von der Rolle zu sein. Willst du mit ihm sprechen?»

«Nein, macht ihr das. Ich muss nochmal weg.»

«Wohin denn?»

«Erklär ich euch später.» Toppe hatte sich schon zum Gehen gewandt.

Van Gemmern, der sich gerade zu seinem Koffer hinunterbeugte, hielt mitten in der Bewegung inne und starrte ihm nach.

«Na, fein», murmelte Astrid und ging zurück zu van Appeldorn und dem Bauern. «Können wir uns vielleicht irgendwo hinsetzen, Herr Eberhard? Es schreibt sich dann leichter.»

Der Mann guckte verständnislos.

«Wir müssen ein Protokoll aufnehmen», erklärte van Appeldorn.

Eberhard nahm sie mit ins Haus und blieb einen Augenblick unschlüssig im dunklen Flur stehen, in dem es nach ungelüfteten Betten roch. Dann stieß er die Tür zur Linken auf. «Wir setzen uns wohl am besten an den Küchentisch.» Verlegen schob er das benutzte Frühstücksgeschirr zur Seite, holte einen fettigen Spüllappen und wischte auf der Tischplatte herum. «Ich bin noch nicht dazu gekommen ...»

Die Küchenschränke, mit billigem Kunststoff furniert, hatten schon bessere Tage gesehen, der Herd war braun verkrustet, die Fensterscheiben blind. Auch der beigefarbene Fliesenboden war schon länger nicht mehr mit Putzmitteln in Berührung gekommen. Es gab zwei Stahlrohrstühle mit orangefarbenen Plastiksitzen und eine Eckbank, auf der ein Käfig mit einem fetten Meerschweinchen stand, das einen beißenden Geruch verströmte. Von der Decke baumelten mehrere Fliegenfänger mit dickem bräunlich gelbem Leim und reicher Beute, dennoch war die angestoßene Keramiklampe über dem Tisch voller Fliegendreck.

Astrid setzte sich vorsichtig auf die Stuhlkante und nahm die Personalien auf: Knut Eberhard, 53 Jahre, von Beruf Landwirt.

«Wir gehen einfach noch einmal alles durch», meinte van Appeldorn. «Also, um wie viel Uhr haben Sie den Toten gefunden?»

«Muss so um halb neun gewesen sein. Ich bin, wie gesagt, raus, weil die Schafe ihr Wasser brauchten, und wie ich um die Ecke komm, seh ich auf der hinteren Weide so ein Bündel liegen. Ich wusste erst gar nicht, was das war.» Er verschränkte die Hände und sah zu Boden. «Ja, und dann war das der Tobias ...»

«Ach, Sie kannten Joosten? Das haben Sie vorhin gar nicht erwähnt.»

«Hab ich nicht?» Eberhard wischte sich über die Stirn. «Doch, den kenn ich, jedenfalls früher. Das ist der Sohn von unseren Nachbarn drüben am Ende vom Maisfeld. Wohnt aber schon lang nicht mehr zu Hause.»

«Und was wollte Joosten hier bei Ihnen?»

«Das wüsst ich auch gern!»

«Sie haben gesagt, Sie hätten nichts Ungewöhnliches bemerkt heute Morgen. Jetzt denken Sie noch einmal in aller Ruhe nach, vielleicht haben Sie ja zumindest etwas gehört. Manchmal fällt einem so was erst später wieder ein.»

Der Bauer legte den Kopf schief und stierte ins Leere. Sein Gesichtsausdruck war nicht zu deuten. Eine Schmeißfliege surrte träge herum und stieß immer wieder gegen die Fensterscheibe über der Spüle. Schließlich richtete Eberhard seinen Blick wieder auf van Appeldorn.

«Nein, gehört hab ich auch nichts.»

«Waren Sie allein im Haus?»

«Ja.»

«Wer lebt außer Ihnen noch hier?»

Knut Eberhard war verheiratet und hatte drei Söhne und zwei Töchter, aber nur die Jüngste wohnte noch daheim. Sie war Zahnarzthelferin in Kalkar und um halb acht zur Praxis gefahren. Eberhards Frau arbeitete als Krankenschwester im St.-Antonius-Hospital, hatte in dieser Woche Frühschicht und das Haus schon um Viertel vor sechs verlassen. Der Bauer versorgte den Hof allein, eine Milchkuh, zwei Mastschweine, zwölf Rinder, die Schafe, die Gänse und ein paar Hühner. Bis auf die beiden Weiden und ein Stück Wald hatte Eberhard sein Land verpachtet.

«Und von der Pacht können Sie leben?»

«Nee», meinte der Mann düster, «wir sind schon auf das Gehalt meiner Frau angewiesen.» Er schaute Astrid an. «Ich war einzigster Sohn und musste den Hof übernehmen, ging ja nicht anders. Aber da war schon nicht mehr viel damit los, und ich hatte immerhin fünf Mäuler zu stopfen. Und als dann so nach und nach alles kaputtging ... Haben Sie eine Ahnung, was neue Maschinen kosten? Ich musste verpachten, mir blieb gar nichts anderes übrig.»

Toppe staunte über die Flut der Zeitungsartikel, die damals erschienen war. Natürlich hatte eine Kindesentführung in dieser kleinen Stadt tagelang die erste Seite des Lokalteils beherrscht, aber auch Wochen später war sie noch der Aufmacher gewesen. Nur hatte sich der Ton deutlich geändert und wollte so gar nicht zum Stil des normalerweise seriösen Blattes passen. Urheber war anscheinend ein Reporter, den Toppe kannte und der ihm immer schon schmierig vorgekommen war. Offenbar hatte der in Eschers Vergangenheit herumgestochert und war dabei auf eine Goldader gestoßen, die er gründlich ausgebeutet hatte.

Toppe rümpfte die Nase: *Klever Staatsanwalt unter schlimmem Verdacht. Exfrau bei der Scheidung: Ich hatte Angst um meine kleinen Mädchen.*

Er konnte unmöglich den ganzen Tag hier bleiben und all diese Artikel durcharbeiten, es kamen ja auch noch die aus dem überregionalen Teil dazu. Also machte er sich daran, die entsprechenden Seiten zu kopieren. Es dauerte fast zwei Stunden.

Astrid kämpfte mit den Tränen. Sie hatte den Wagen geparkt, aber sie schaffte es noch nicht, auszusteigen und ins Büro hochzugehen.

Ihr war die Aufgabe zugefallen, Joostens Frau zu benachrichtigen. Oft hatte sie so etwas noch nicht gemacht, meistens übernahm das einer von den Männern.

Sie war mit Susanne Joosten ins Wohnzimmer gegangen, weil sie wollte, dass die Frau saß, wenn sie ihr die Schreckensnachricht überbrachte. Die fünf Kinder, die sich hinter dem Sofa versteckt hatten, hatte sie nicht bemerkt. Sie hatte ja nicht einmal gewusst, dass Joosten überhaupt Kinder hatte! Kleine Kinder, aber doch alt genug zu verstehen. Als die Mutter dann auch noch anfing, aus tiefer Kehle zu brüllen, hatten sich alle fünf weinend und schreiend auf Astrid gestürzt und mit ihren kleinen Fäusten auf sie eingeschlagen. Dann war die Oma gekommen und hatte mit sicherer Hand Ordnung in das Chaos gebracht, ohne erst zu fragen, was eigentlich passiert war.

Astrid schob die Erinnerung beiseite und gab sich einen Ruck.

Im Büro ging es drunter und drüber, die Presse gab keine Minute Ruhe, und van Appeldorn wusste nicht, wo ihm der Kopf stand. Tobias Joosten war kein Unbekannter. Als Geldek ihn zu seinem Finanzberater gemacht hatte, war das in Kleve in aller Munde gewesen: ein junger Kerl von fünfundzwanzig Jahren in einer solchen Position!

Vorhin am Tatort war es zu einem ärgerlichen Zwischenfall gekommen. Viele Reporter hörten routinemäßig den Polizeifunk ab, und eine ganze Reihe von ihnen war dann auch fast gleichzeitig mit der Kripo am Eberhardhof eingetroffen und hatte sich an der Absperrung herumgedrückt. Einer allerdings, ein Fotograf, war abgebrühter gewesen als die anderen. Er hatte sich durch den Wald an den Tatort herangeschlichen, und bevor er van Appeldorn aufgefallen war, hatte er schon seine Aufnahmen von der blutigen Leiche im Kasten. Van Appeldorn war ihm noch nachgesetzt, hatte ihn aber nicht erwischt, sondern sich bei der Aktion lediglich den rechten Fuß umgeschlagen, der jetzt schmerzhaft puckerte. Er wusste, dass er nichts ausrichten würde, aber es war ihm trotzdem eine Genugtuung, dem zuständigen Chefredakteur, nachdem er ihn einmal ausfindig gemacht hatte, ordentlich den Marsch zu blasen.

Der Leichnam war in die Pathologie gebracht worden, und Cox versuchte, Bonhoeffer zu erreichen, um einen Termin für die Sektion abzusprechen. Wie man ihm mitteilte, war der Pathologe im Krankenhaus, und Cox wurde -zigmal hin und her verbunden, hörte sich an die hundertmal an, dass seine «Leitung gehalten» würde, blieb in einer Warteschleife stecken, versuchte es noch einmal, mit demselben Ergebnis. Auch von den Pathologieassistenten war keiner aufzutreiben. Bonhoeffers Handy war abgeschaltet, und bei ihm zu Hause meldete sich nur der Anrufbeantworter.

Astrid hatte sich still an den PC gesetzt und angefangen, ihren Bericht zu schreiben, als van Appeldorn endgültig der Kragen platzte. «Bin ich denn hier im Irrenhaus?»

Kurzerhand legte er den Hörer neben das Telefon. «Wo steckt Helmut, zum Teufel nochmal?», fuhr er Astrid an.

«Ich habe nicht die geringste Ahnung.»

Ihr Tonfall ließ van Appeldorn stutzen, und er schaute sie prüfend an. «Du bist reichlich blass um die Nase. War's schlimm bei Frau Joosten?»

«Es war scheußlich. Ich kann mir nicht vorstellen, dass wir in den nächsten Tagen mit ihr reden können, dabei ist sie vermutlich die Einzige, die uns sagen kann, was Joosten bei diesem Eberhard zu suchen hatte. Ist der Arzt noch aufgetaucht?»

«Doch, schon, aber der war nicht gerade eine Leuchte. Ist im Zweimeterabstand um Joosten rumgeturnt und hat in sein Diktiergerät gebrabbelt. Wenigstens hat er die Körpertemperatur noch genommen, aber dann war er auch schon wieder verschwunden. Van Gemmern sagt, Joosten könnte allerhöchstens zwei Stunden tot gewesen sein.» Er rieb sich nachdenklich die Nase. «Keine Frage, Joosten hat mächtig Prügel bezogen, aber ich weiß nicht, für mich sahen die Verletzungen eigentlich nicht tödlich aus.»

«Und was ist mit der Riesenbeule auf der Stirn? Vielleicht hatte er ja eine Hirnblutung.»

«Ich vermute, es ist euch auch schon aufgefallen, dass wir ein Problem haben», meldete sich Cox zu Wort. «Wenn wir davon ausgehen, dass die beiden Morde im Zusammenhang stehen – und danach sieht's ja wohl aus –, fällt unsere schöne Theorie mit dem Totschlag im Affekt ins Wasser.»

Weiter kam er nicht, denn in diesem Moment kehrte Toppe zurück und legte einen dicken Packen Fotokopien auf seinen Schreibtisch. Astrid warf einen Blick auf das oberste Blatt. «Im Pressearchiv warst du also! Dieser Artikel hier ist von '97. Was soll das?»

«Es geht um Escher.»

Norbert van Appeldorn schob mit einer heftigen Bewegung seinen Stuhl zurück und kam auf die Füße. «Würdest du bitte einen Augenblick mit mir nach nebenan kommen?» Er war weiß im Gesicht.

Toppe folgte ihm ins Vernehmungszimmer. «Ich weiß, was du sagen willst.»

«Gar nichts weißt du!» Van Appeldorn schäumte vor Wut. «Die ganze Zeit kochst du schon auf halber Flamme, aber das, was du dir heute geleistet hast, ist wirklich die Krönung! Wir wissen nicht, wo uns der Kopf steht. Wir haben einen neuen Mord, der unsere ganze schöne Konstruktion über den Haufen wirft, und du lässt uns hängen und jagst irgendeiner spinnerten Idee hinterher!»

Toppes Gesicht blieb ausdruckslos.

«Kannst du dir vorstellen, was hier los ist, wer uns alles die Bude einrennt, he? Mensch, Helmut, du bist nicht nur der Chef hier, du bist im Moment auch noch Meinhards offizieller Stellvertreter. Alle Welt will dich sprechen, und du bist wie vom Erdboden verschwunden! Wir stehen hier wie der Ochs vorm Berg, müssen wieder ganz von vorne anfangen, und du seilst dich ab!»

Toppe nickte müde und ging zur Tür. «Teilt mich einfach ein.»

«Was?» Van Appeldorn blieb der Mund offen stehen.

Van Gemmern hatte die ersten Fotos vom Tatort gebracht. «Ich habe kaum was Brauchbares bis jetzt», meinte er. «Mit Schuhspuren sieht es wegen der Brombeeren und dem ganzen Laub schlecht aus. Einen deutlichen Abdruck von Joostens linker Schuhsohle habe ich gefunden, aber das ist es auch. Ansonsten nur, wie auf der ganzen Weide, Hufabdrücke von Schafen und Rindern.»

«Und am Waldrand?», fragte Astrid.

«Auch nichts, es gibt keinen Weg dort, der ganze Boden ist mit trockenen Kiefernnadeln bedeckt, dichtes Unterholz, keine abgebrochenen Zweige, nichts niedergetrampelt, außer dort, wo du hinter dem Fotografen hergetobt bist.» Er schaute tadelnd zu van Appeldorn hinüber, der sofort wieder seinen geschwollenen Knöchel spürte.

«Wann ist die Obduktion?», fragte Toppe.

Cox zuckte die Achseln. «Ich habe Bonhoeffer noch nicht erreichen können.»

«Vielleicht versuchst du es gleich nochmal, Helmut», sagte van Appeldorn. «Ich finde, du solltest auch an der Sektion teilnehmen. Bei Geldek warst du schließlich auch dabei. Möglicherweise entdeckt ihr ja Parallelen. Aber erst mal sollten wir zusammentragen, was wir bis jetzt haben.»

Toppe reagierte nicht auf den Samt in van Appeldorns Stimme, sondern ging zum Fenster und schaute hinaus. «Wie ist Joosten eigentlich zum Hof gekommen?», fragte er. «Ich habe nirgendwo ein Auto gesehen.»

«Er hatte seinen BMW vor dem Haus seiner Eltern abgestellt, am Anfang vom Feldweg», antwortete van Appeldorn. «Ich nehme an, er wollte sich die Mühle auf diesem Schlammpfad nicht dreckig machen.»

«Stimmt!» Toppe drehte sich vom Fenster weg. «Er muss zu Fuß gegangen sein, seine Schuhe waren sehr schmutzig. Habt ihr mit den Eltern gesprochen?»

«Heute früh waren sie nicht zu Hause, sie arbeiten beide.»

«Dann kann Joosten also zu ihnen nicht gewollt haben.»

«Nein, ich habe vorhin seine Mutter erreicht. Sie ist Verkäuferin in einer Drogerie und arbeitet jeden Morgen, genau wie ihr Mann.»

«Konnte die dir sagen, was Joosten bei Eberhard wollte?»

Van Appeldorn schnalzte missbilligend. «Die konnte mir gar nichts sagen, wie du dir vielleicht vorstellen kannst. Joosten war übrigens ihr einziges Kind.»

Toppe nickte. «Fährt dieser Eberhard eigentlich einen roten Kleinwagen?»

«War nur so eine Idee», meinte er, als alle ihn verdattert anschauten, und setzte sich wieder. «Mir ist nur aufgefallen, wie groß der Mann ist. Über eins neunzig, schätze ich, und ziemlich kräftig erschien er mir auch. Ist er Rechtshänder?»

«Er hat jedenfalls mit rechts unterschrieben», sagte Astrid. «Da stand kein Auto, aber das muss nichts heißen. Eberhards Frau und seine Tochter waren beide zur Arbeit gefahren, wie er es ausdrückte.»

Früher hatten sie gern ausgiebig zusammen gebadet, aber seit Ullis Gefangenschaft in der engen Kiste hielt sie es in der Wanne nicht mehr aus. Inzwischen schaffte sie es manchmal an guten Tagen schon wieder, van Appeldorn Gesellschaft zu leisten, wenn er ein Entspannungsbad nahm, etwas, das er erst durch sie genießen gelernt hatte.

Sie brachte ihm einen Weinbrand, Salbe und eine elastische Binde für seinen Knöchel und hockte sich neben die Wanne. Ihr Gesicht lugte gerade eben so über den Rand. «Na, kommst du langsam zur Ruhe?»

Van Appeldorn trank einen großen Schluck und schloss die Augen. «Nicht so richtig. Mir geht zu viel durch den Kopf.»

«Ich bin dir gern ein bisschen behilflich», lächelte sie und zeichnete mit dem Zeigefinger kleine Kreise auf seine Brust, weiter den Bauch hinunter ...

Er grinste. «Ich komme darauf zurück.»

Sie piekste ihm in den Bauchnabel. «Was bedrückt dich?»

«Ich weiß nicht genau. Helmut hat ja immer mal so seine düsteren Phasen, aber ...» Und dann erzählte er, was in den letzten Tagen so gewesen war.

«Teilt mich einfach ein, das hat er wirklich gesagt? Helmut? Das ist nicht normal. Der ist doch eher zweihundertprozentig.»

«Na ja, nachher war er ja auch wieder bei der Sache, zumindest eine Zeit lang.»

«Trotzdem, Norbert. Das passt nicht zu Helmut.» Sie richtete sich auf. «Da ist was nicht in Ordnung. Du musst was unternehmen.»

«Ich?» Van Appeldorn machte große Augen. «Was soll ich denn unternehmen?»

«Red mit den anderen, sprich mit Astrid!»

«Nein, das lass ich lieber. Die beiden scheinen irgendwie Knies zu haben, und da misch ich mich nicht ein.»

«Astrid und Helmut? Das passt auch nicht. Dann red eben mit Arend Bonhoeffer, der kennt Helmut doch seit Ewigkeiten. Irgendwas ist da faul. Da steckt nicht nur eine düstere Stimmung dahinter, glaub mir.»

Van Appeldorn fröstelte. «Ich kann so was nicht.»

Sie griff in seinen dicken Haarschopf und gab ihm einen Kuss. «Dann wird's aber Zeit, dass du's lernst.»

An Dienstagabenden arbeitete Peter Cox normalerweise den *Spiegel* durch, aber heute fand er nicht die rechte Ruhe. Auf seinem Schreibtisch lag ein dicker Packen Akten über Eugen Geldek, in die er bisher nicht einmal einen Blick geworfen hatte.

Er zog sich ein frisches Oberhemd an und machte sich wieder auf den Weg ins Büro.

Es konnte sicher auch nichts schaden, wenn er später auf ein Bier in die Kneipe in Reichswalde ging und sich ein bisschen umhörte.

Astrid drehte die Flamme ab und ließ die gebräunten Filetstücke in die Soße gleiten – fertig, jetzt nur noch die Vorspeise. Eigentlich kochte sie gern. Sie entspannte sich dabei und konnte alles, was tagsüber passiert war, vergessen. In letzter Zeit fand sie nur selten die nötige Muße. Auch heute hatte es nur mit einem Trick geklappt. Helmut war, wie fast jeden Tag, gleich nach dem Dienst unter die Dusche gestiegen und dann in seinem Zimmer verschwunden. Aber sie hatte Katharinas Lieblingsbücher zusammengesucht, ihre Tochter davon überzeugen können, dass «der Papa» darauf brennen würde, ihr die alle vorzulesen, und sie hochgeschickt.

Sie nahm den Trüffelhobel aus der Schublade und fing an, die Champignons für die Pilzcarpaccio zu hobeln. Helmut hatte nie erfahren, wie teuer dieses Gerät damals gewesen war. Nachdem sie den Hof gekauft hatten, waren sie eine ganze Weile schrecklich knapp bei Kasse gewesen, aber ihr Vater hatte ihnen zum Einzug ein Kilo schwarzer Trüffel geschenkt, und die wollten verarbeitet werden. Tagelang hatten sie alle möglichen Kochbücher gewälzt und die verschiedensten Köstlichkeiten gezaubert. In der Wohngemeinschaft hatte Helmut mit Begeisterung gekocht. Sein italienisches Buffet für ihre Einweihungsparty war ein solches Meisterwerk gewesen, dass sie und Gabi nur noch gestaunt hatten.

Gabi – sie vermisste sie sehr und hätte gerade heute gern mir ihr gesprochen, aber ihre beste Freundin gondelte im Moment mit ihrem lebenslustigen neuen Liebsten irgendwo in Ungarn herum.

Astrid verteilte die Pilzscheibchen auf zwei Desserttellern.

Es war Gabi gewesen, die auf der Scheidung bestanden hatte, nicht Helmut. Später, als sie zusammen auf dem Hof lebten und Freundinnen geworden waren, hatte sie manchmal über die Gründe gesprochen. «Ich wollte einfach nicht mehr einsam sein.» Sie hatte es hingenommen, es ja auch gar nicht anders gekannt, dass Helmut sein Beruf immer am wichtigsten gewesen war, dass sie die beiden Jungen quasi allein großgezogen hatte, aber irgendwann war ihr bewusst geworden, dass sie im Grunde nebeneinander herlebten. «Ich konnte sein ewiges Wegtauchen nicht mehr ertragen. Eigentlich bin ich während unserer gesamten Ehe nie wirklich an ihn herangekommen, und ich wusste, dass sich das nicht ändern würde. Vielleicht war ich einfach die falsche Frau, und du hast mehr Glück.»

Astrid presste eine Zitrone aus und spülte sich die Hände ab. Hatte sie mehr Glück? Von Anfang an hatte sie es akzeptiert, dass Helmut viel Zeit für sich selbst brauchte, und seine grüblerischen, manchmal schwermütigen Phasen hatten sogar etwas Faszinierendes gehabt. Welch ein Kontrast zu der heilen, seichten Ponyhof- und Prinzessinnenwelt, aus der sie sich endlich verabschiedet hatte! Helmut war genau der Mann gewesen, nach dem sie sich gesehnt hatte, leidenschaftlich, phantasievoll, einfühlsam, klug und nicht leicht zu berechnen, niemals langweilig. Selbst Gabi hatte ja nie aufgehört, ihn zu lieben. Als Astrid ihr das auf den Kopf zusagte, hatte sie nur mit den Schultern gezuckt, ein bisschen wehmütig, ein bisschen bitter. «Wir Frauen stehen auf diese Heathclifftypen, nicht wahr? Die tiefen, stillen Wasser, die nur wir ergründen können. Mach es besser als ich, ich bin dabei fast abgesoffen.»

Astrid nahm die Pfeffermühle vom Bord. Warum wollte sie eigentlich mit Gabi sprechen? Die würde ihr nichts anderes sagen als vor fünf Jahren. Aber es wäre einfach tröstlich.

Sie hielt inne und starrte auf die Mühle in ihrer Hand. Brauchte sie denn Trost?

«Soll ich Katharina schon mal baden?», rief Helmut von oben.

«Ja! Aber macht nicht zu lange. In einer Viertelstunde ist das Essen fertig.»

Elf «Wieso wirft das unsere Arbeitshypothese über den Haufen?», fragte Toppe. «Geldek ist im Affekt getötet worden, dabei bleibe ich. Der Täter muss vor Wut außer sich gewesen sein. Denkt doch nur mal an die Aussage des Holländers.»

Van Appeldorn beobachtete seinen Chef. Heute Morgen klang seine Stimme wieder lebhaft, aber die Augen blickten genauso matt wie in den Tagen zuvor. Er war ihm fremd, dabei kannten sie sich schon so viele Jahre. Sie hatten sich sogar mal recht nahe gestanden, aber das war lange her.

Er nickte Toppe zu. «Schon klar, der Täter verfolgt Geldek, versucht sogar, ihn vom Deich zu drängen. Es ist ihm offensichtlich egal, dass er dabei beobachtet wird. Und als Geldek ihn austrickst, gerät er noch mehr in Rage, sodass er ohne Rücksicht auf Verluste über die Kreuzung brettert. Die Frage ist nur, warum ist er hinter Geldek her?»

«Das interessiert mich im Moment weniger», entgegnete Cox. «Was ist mit Joosten? Auch der wird, wie es aussieht, im Affekt totgeschlagen. Zweimal hintereinander eine Affekttat? Das ist doch Blödsinn!»

«Ob er tatsächlich erschlagen worden ist, wissen wir doch noch gar nicht sicher», widersprach Astrid.

«Aber dass die beiden Taten zusammenhängen, liegt

doch auf der Hand, oder? Geldek wird erschlagen, und keine Woche später muss sein Finanzberater dran glauben.»

«So sieht es aus», bestätigte Toppe. «Es sieht sogar auf den ersten Blick so aus, als handele es sich um denselben Täter. Andererseits kann es auch sein, dass Geldeks Tod irgendeine Dynamik ausgelöst hat, die zu Joostens Ermordung führte, die wir aber noch nicht kennen. Auch Martina Geldeks seltsames Verhalten weist darauf hin, dass der Tod ihres Mannes etwas in Gang gesetzt hat, das für sie zu einer Bedrohung wird. Es ist höchste Zeit, dass wir der Dame eine schriftliche Einladung schicken. Wenn sie nicht auftaucht, lass ich sie durch Günther vorladen. Und ich will, dass ihr Haus ab jetzt rund um die Uhr bewacht wird. Kümmerst du dich darum, Peter?»

«Sofort! Ach übrigens, Joosten hatte noch einen zweiten Job. Erinnert ihr euch an Geldeks Stiftung für Opferhilfe? Joosten war der Geschäftsführer.»

«Wie hast du das denn rausgekriegt?», staunte van Appeldorn.

Cox lächelte. «Ich habe mich gestern Abend noch einmal an die Papiere gesetzt.»

Toppe schaute van Appeldorn an. «Kannte dieser Eberhard Geldek eigentlich?», fragte er langsam.

«Er behauptet, nein», antwortete van Appeldorn, «jedenfalls nicht näher.»

«Hat er ein Alibi für Mittwoch?»

«Das will ich heute abklären. Aber erst nachmittags, dann kann ich gleich auch seine Frau und die Tochter befragen und mir deren Auto angucken.»

«Und ich wollte mit Susanne Joosten sprechen», sagte Astrid. «Vielleicht hat sie sich ein bisschen bekrabbelt und kann mir sagen, was ihr Mann auf dem Bauernhof verloren hatte.»

Das Telefon klingelte, Cox nahm ab, reichte den Hörer aber sofort an Toppe weiter, als er hörte, dass es Bonhoeffer war.

«Tut mir Leid, dass ich mich jetzt erst melde, aber ich war auf einer Tagung in Holland. Und dass mit meinem Handy etwas nicht in Ordnung zu sein scheint, ist mir erst heute Morgen aufgefallen. Also was ist das hier für ein geheimnisvoller Toter?»

Toppe gab eine kurze Schilderung. «Es sieht so aus, als gäbe es eine Verbindung zum Totschlag an Geldek. Möglicherweise handelt es sich um denselben Täter.»

«Gut, dann weiß ich, worauf ich achten muss. Hast du was dagegen, wenn ich sofort anfange? Ich hab ein ziemlich volles Programm heute.»

«Nein, mach ruhig. Ich komme, so schnell ich kann.»

Peter Cox griff nach seiner Aktentasche. «Wenn im Moment nichts anderes anliegt, fahre ich zur Stadtverwaltung. Ich bin gestern an ein paar Punkten nicht weitergekommen und die Leute vom Bauordnungsamt müssten mir da eigentlich weiterhelfen können. Ich ordne noch schnell Martina Geldeks Überwachung an und schick ihr ein Briefchen per Kurier, dass sie uns morgen früh um elf besuchen soll, und dann bin ich weg.»

Van Appeldorn dachte an Ulli, daran, dass er ihr, wenn auch zögerlich, versprochen hatte, sich zu kümmern. Er hielt am Reichswalder Sportplatz, nahm sein Handy und ließ sich zu Bonhoeffer durchstellen. Erst zwanzig Minuten später rollte er den aufgeweichten Feldweg entlang.

Heute stand ein Auto vor der Scheune auf dem Eberhardshof – ein roter VW Golf.

Van Appeldorn beugte sich hinunter und schaute sich die vordere Stoßstange an, konnte aber keine Schramme oder Delle erkennen.

«Was machen Sie denn da?» Die herrische Stimme ließ ihn hochfahren.

Eine stämmige Frau von Anfang fünfzig kam aus dem Haus. «Haben Sie sich verfahren? Oder wollen Sie was verkaufen? Wir brauchen nichts!»

«Weder, noch», antwortete van Appeldorn, stellte sich vor und hielt ihr seinen Ausweis hin. «Ist das Ihr Wagen?»

«Nein! Gehört meiner Tochter. Hab keinen Führerschein.»

«Und wie kommen Sie zur Arbeit?»

Sie zog erstaunt die dunklen Augenbrauen hoch, die über der Nasenwurzel zusammengewachsen waren. «Mit dem Fahrrad! Aber was geht Sie das an?»

«Ach, mich geht eine ganze Menge was an, fürchte ich», meinte van Appeldorn. «Auf Ihrem Hof ist gestern Morgen ein junger Mann getötet worden, und ich ...»

«Damit hab ich nichts zu tun», schnitt sie ihm das Wort ab. «Ich war auf der Arbeit!»

Van Appeldorn riss der Geduldsfaden. «Das haben wir bereits überprüft. Aber ich werde Sie trotzdem vernehmen, Sie, Ihren Mann und Ihre Tochter.» Er zeigte auf das Haus und bedeutete ihr voranzugehen. Doch sie stemmte die Hände in die Seiten und bewegte sich keinen Millimeter. «Dann zeigen Sie mir mal Ihre Erlaubnis! Ohne die haben Sie nämlich nicht das Recht, einfach so bei unbescholtenen Bürgern einzudringen.»

«Sie würden sich wundern, was ich alles für Rechte habe», erwiderte van Appeldorn mokant. «Aber bitte, wie Sie wünschen. Dann erwarte ich Sie alle um 16 Uhr 30 im Präsidium an der Kanalstraße, erster Stock, zweite Tür rechts.»

Sie starrte ihn wütend an. «Was bilden Sie sich eigentlich ein? Meinen Sie, ich hätt nichts Besseres zu tun? Hab meine Zeit nicht gestohlen. Dann kommen Sie eben rein!»

In der Küche war es viel zu warm, alle Fenster waren, wie auch gestern schon, geschlossen, und der Meerschweingestank mischte sich mit dem Geruch nach gebratener Leber und Zwiebeln.

Eberhard saß am Tisch über einem Becher Kaffee und einem Stück Streuselkuchen. «Was wollen Sie denn noch?», fragte er barsch, als van Appeldorn sich ihm gegenüber hinsetzte, blickte dabei aber seine Frau an. Die Luft zwischen den beiden war zum Schneiden dick, es musste mächtig gekracht haben, und es stand außer Frage, wer dabei die Oberhand behalten hatte.

«Ich möchte auch Ihre Tochter sprechen», erinnerte van Appeldorn die Frau.

Sie trat in den Hausflur und keifte: «Cordula, komm runter! Sofort!»

Bedauerlicherweise hatte das Mädchen die Neigung seiner Mutter zu starker Gesichtsbehaarung geerbt. Über der Oberlippe zeigte sich dunkler Flaum, aber zumindest waren die Augenbrauen gezupft.

Beiden, Mutter und Tochter, war gestern früh nichts Ungewöhnliches aufgefallen. Frau Eberhard hatte Tobias Joosten «vom Sehen» gekannt.

«Ich nicht», haspelte Cordula. «Ich hab mit den ganzen Sachen nichts zu tun.»

«Mit was für Sachen?», fragte van Appeldorn irritiert.

«Ich meine, mit dem Hof und allem.» Ihr Blick flackerte. «Ich bin nicht oft zu Hause, mein ich.»

«Wo waren Sie letzte Woche Mittwoch, nachmittags?»

«Ich?»

Van Appeldorn nickte und ließ sie nicht aus den Augen. Cordula überlegte. «Ach, ich weiß wieder. Ich war hier zu Hause, weil mein Vater sich mein Auto geliehen hatte.»

«Aha, und von wann bis wann?»

«Ich war nur eben beim Baumarkt», warf Eberhard hastig ein.

«Ich habe Ihre Tochter gefragt. Also, von wann bis wann?»

Das Mädchen schaute verwirrt von einem zum anderen. «Wieso? Was war denn letzten Mittwoch? Ich versteh das nicht.»

Van Appeldorn tippte mit der Kulispitze auf den Block. «Ich warte.»

«Wann er gefahren ist, weiß ich nicht so genau. Ich glaub, so um drei. Und zurück war er um zehn nach fünf.

Daran erinnere ich mich, weil ich selber mit dem Wagen weg wollte und gewartet hab.»

«Bei welchem Baumarkt waren Sie, Herr Eberhard?»

«Bei dem unten auf der Kalkarer Straße.»

«Und da haben Sie zwei Stunden gebraucht? Das ist ungewöhnlich lange.»

Eberhard sah ihn unbehaglich an. «Ja, Gott, ich musste Bretter zuschneiden lassen, und ich hatte auch noch viele Kleinteile nötig. Das dauert.»

«Haben Sie die Rechnung noch?»

«Nein, ich glaub nicht ...»

Frau Eberhard grunzte missbilligend.

«Aber Sie können mir die Bretter und die Kleinteile, die Sie gekauft haben, doch bestimmt zeigen, oder?»

«Ja, sicher!» Eberhard stand gleich auf. «Kommen Sie mit.» Er wirkte erleichtert.

Van Appeldorn folgte ihm in einen kleinen Verschlag neben dem Hühnerstall, der offenbar als Werkstatt diente.

Eberhard fasste ihn am Arm. «Herr Kommissar, ich war nicht so lange im Baumarkt. Ich war noch am Bahnhof und hab mir so ein Heft gekauft, Sie wissen schon ...»

Er wand sich, aber van Appeldorn hatte keine Lust, es ihm leicht zu machen. «Sie müssen schon Klartext reden.»

«Na, so ein Pornoheft eben ... Hier!» Er grabbelte in einer Kiste mit Hobelspänen herum und zog ein Magazin hervor: *Willige Hausfrauen*. «Und dann bin ich drüben in den Wald gefahren, damit ich mir ... Sie wissen schon, damit ich mir ... das in Ruhe angucken konnte.»

Susanne Joosten stand unter starken Beruhigungsmitteln, und es fiel ihr schwer zu sprechen, aber sie bemühte sich. Ihr Vater saß neben ihr, hielt ihre Hand und gab ihr Wasser zu trinken, wenn der Mund zu trocken wurde.

Sie kannte Knut Eberhard nicht persönlich, wusste aber, dass er der Nachbar ihrer Schwiegereltern war. Was ihr Mann auf dem Bauernhof gewollt hatte, konnte sie nicht sagen, aber es musste wohl was Berufliches gewesen sein. In den letzten Jahren hatten sie so gut wie nie über seine Arbeit gesprochen. Wann denn auch? Die fünf Kinder hielten sie Tag und Nacht auf Trab. Wenn Joosten abends nach Hause gekommen war, war sie meist so erschlagen gewesen, dass sie die Augen kaum noch hatte offen halten können. Sie hatten sich auf die Zeit gefreut, wenn die Kleinen aus dem Gröbsten raus waren und die Abende und Nächte wieder ihnen beiden gehörten.

Als sie das erzählte, musste sie weinen, und Astrid schluckte.

Natürlich wusste Susanne Joosten, dass ihr Mann kürzlich Geschäftsführer der Opferstiftung geworden war. Das zusätzliche Gehalt konnten sie gut gebrauchen, aber sie war trotzdem skeptisch gewesen. Erst als er ihr versichert hatte, dass er den größten Teil seiner Arbeit für die Opferhilfe von zu Hause aus erledigen konnte, hatte sie zugestimmt. Sie hätte es nicht ausgehalten, wenn er noch öfter weg gewesen wäre als ohnehin schon.

Wieder weinte sie, und diesmal beruhigte sie sich nicht. Der Vater sah Astrid bittend an, sie nickte und ging.

Als Toppe in die Prosektur kam, fand er Bonhoeffer über den bereits geöffneten Brust- und Bauchraum des Leichnams gebeugt. «Komm her und schau's dir an!»

«Ich kann mich bremsen.» Toppe blieb mit verschränkten Armen neben dem stählernen Ausguss stehen. «Ist er erschlagen worden?»

«So kann man es kaum nennen.» Bonhoeffer fitschte die Handschuhe aus und lehnte sich mit dem Rücken zur Leiche gegen den Obduktionstisch. «Ich glaube, dieser Bursche hier hat einfach nur Pech gehabt. Gestorben ist er an einer Aortenruptur, sein Mediastinum ist voller Blut. Anscheinend litt er an einer Erweiterung der Aorta ascendens mit einer Aorteninsuffizienz.»

Toppe stöhnte auf. «Musst du eigentlich jedes Mal dieses Spielchen mit mir abziehen? Red doch einfach Deutsch!»

Bonhoeffer schaute ihn prüfend an. «Seine Hauptschlagader hat eine extreme Wandschwäche. Sie ist quasi ... wie soll ich es ausdrücken, nun, an einer besonders schwachen Stelle geplatzt. Ausgelöst vermutlich durch einen Stoß gegen die Brust.»

«Und wie kommt man an eine so schwache Aorta?», wollte Toppe wissen.

«Durch eine Krankheit. Ich habe einen Schnellschnitt gemacht, das Präparat müsste gleich fertig sein. Arteriosklerose kann ich ausschließen, deshalb vermute ich mal, dass es sich um eine Bindegewebserkrankung handelt.»

Es klopfte, und ein junger Pfleger kam herein und reichte Bonhoeffer eine Schachtel, in der mehrere Glasplättchen lagen.

«Danke!», nickte der. «Dann wollen wir mal schauen.»

Toppe folgte ihm zum Mikroskop und wartete.

«Keine Fibrozyten, wie ich's mir gedacht habe», murmelte Bonhoeffer zufrieden, untersuchte aber noch die beiden anderen Objektträger, bevor er sich aufrichtete. «Der junge Mann litt am so genannten Marfan-Syndrom. Das ist eine generalisierte Bindegewebserkrankung, die häufig autosomal vererbt wird. Einfach ausgedrückt», kam er Toppes Einwand zuvor, «das gesamte Bindegewebe des Körpers ist geschwächt, und diese Erkrankung ist in den meisten Fällen erblich. Unser Freund hat anscheinend einen Stoß gegen die Brust bekommen, aber wenn er nicht an dieser Krankheit gelitten hätte, wäre nicht viel passiert. Das Marfan-Syndrom tritt nicht sehr häufig auf. Wenn ich mich recht erinnere, stehen die Chancen 1:10000. Und bei unserem Kandidaten hier ist es noch nicht einmal sehr ausgeprägt. Er hat zwar lange Gliedmaßen und auffallend schmale Hände und Füße, aber wir finden keine Leistenbrüche, keine ausgeprägte Trichterbrust, keine Striae. Aber leider war seine Hauptschlagader schon ganz ordentlich marode.»

«Wie marode?», fragte Toppe. «Meinst du, wenn er hingefallen wäre oder ihm jemand einen freundschaftlichen Knuff gegeben hätte, wäre die Hauptschlagader gerissen?»

«Nein, das sicher nicht. Es muss zum jetzigen Zeitpunkt schon ein sehr heftiger Stoß gewesen sein. In ein paar Jahren hätte das anders ausgesehen. Menschen mit Marfan-Syndrom werden selten älter als dreißig, fünfunddreißig.»

«Die Prügel, die Joosten bezogen hat, hätte also einen gesunden Menschen nicht umgebracht?» Toppe wollte ganz sichergehen.

«Nein», antwortete Bonhoeffer, «aber ich habe da ein Problem. Es sieht nicht nach einer Prügelei aus.»

«Was meinst du?»

«Ich meine, es waren keine Fäuste im Einsatz. Alle Verletzungen, die das Opfer aufweist, sind ihm mit einer Waffe beigebracht worden. Nur leider ist es eine Waffe, die ich nicht kenne. Vermutlich sind es sogar zwei verschiedene Waffen. Ich habe Abdrücke von etwas Stumpfem, relativ Kurzem, Glatten, vielleicht zwanzig Zentimeter lang, und es scheint mir gekrümmt zu sein, aber da bin ich mir nicht hundertprozentig sicher. Auf der anderen Seite, das betrifft die Abschürfungen, handelt es sich um eine Waffe, die deutlich kleiner, dafür rau und scharfkantig ist.» Bonhoeffer hob bedauernd die Hände. «Aber wie gesagt, ich kann beides nirgendwo einordnen. Diese Waffen sind mir nie zuvor begegnet.»

Toppe hatte noch nie erlebt, dass Bonhoeffer sich geschlagen gab, und das tat er auch jetzt nicht. «Ich habe die einzelnen Verletzungen fotografiert und werde die Abzüge ein paar Kollegen zukommen lassen. Außerdem werde ich die Kleidung des Toten zum LKA schicken. Vielleicht finden sie Mikrospuren.»

Toppe schloss einen Moment die Augen und rieb sich die Schläfen. «Hat Joosten sich gewehrt?»

«Das ist schwer zu sagen. Die Abschürfungen an den Händen sprechen eigentlich dafür. Aber es ist auch möglich, dass ihm diese und andere Verletzungen beigebracht worden sind, als er bereits tot war. Er hat etliche Hämatome an den Beinen, am Bauch und am Gesäß.»

«Tritte?»

«Nein, keine Tritte, immer nur diese stumpfe, kurze, schmale Waffe. Insgesamt habe ich zweiundvierzig Verletzungen am ganzen Körper gezählt.»

«Blinde Wut», murmelte Toppe.

«Das zu beurteilen liegt, wie immer, Gott sei Dank, bei dir. Alles, was ich sagen kann, ist, dass die Schläge oder Stöße nicht auf eine bestimmte Körperpartie gerichtet waren, sondern wahllos geführt wurden.» Bonhoeffer band seinen Kittel auf und streifte ihn ab. «Leben die Eltern des jungen Mannes noch?»

«Soviel ich weiß, ja. Warum?»

«Weil das Marfan-Syndrom häufig eine Erbkrankheit ist, wie gesagt. Hat er Kinder?»

«Fünf Stück!»

«Oh weh, aber wenn seine Eltern noch leben, hört sich das schon mal ganz gut an. Es gibt nämlich auch eine sporadische Form dieses Syndroms. Ich bin auf alle Fälle verpflichtet, eine Familienanamnese zu machen. Kommst du mit auf ein Glas in meine Kemenate?»

Er goss ihnen Calvados ein, reichte Toppe ein Glas und trank einen großen Schluck. «Wie geht's Astrid und der Lütten?»

«Gut, gut.»

«Tatsächlich?» Bonhoeffer sah ihn besorgt an. «Du gefällst mir nicht, Helmut.»

«Wieso?» Toppe lachte auf. «Ich bin wie immer.»

«Das bist du nicht!»

Toppe zuckte zusammen, Arend wurde nie laut.

«Wir kennen uns seit über dreißig Jahren, und ich werde doch wohl sehen, wenn du dabei bist, den Bach runterzugehen. Ja, ja, ich weiß.» Er ignorierte Toppes Protest. «Ich hab mich nie in dein Leben eingemischt und du dich nicht in meins, und wir beide verabscheuen Stammtischweisheiten. Aber ich werde nicht kommentarlos zugucken, wie du dich schon wieder unglücklich machst, diesmal nicht.»

«Ich habe wirklich keine Ahnung, wovon du sprichst.»

«Red doch kein Blech, du weißt sehr gut, wovon ich spreche! Willst du ewig alle vor den Kopf stoßen, denen du am Herzen liegst? Dann wundere dich nicht, wenn du irgendwann mal ganz allein dastehst. Und ich habe so das Gefühl, das kann nicht mehr lange dauern.»

«Ich wundere mich nicht.»

Bonhoeffer wurde leiser, aber er hörte nicht auf. «Nein, du wunderst dich nicht. Du gehst ja schließlich davon aus, dass du allein bist, nicht wahr? Und du hast ja deine großartige Arbeit, bei der du großartige Erfolge hast. Meinen herzlichen Glückwunsch! Aber sei doch einmal ehrlich: Geht es dir gut?» Wieder wischte er Toppes Antwort beiseite. «Es geht dir hundsmiserabel! Du tust zwar gern so, aber du hast nie wie ein Eremit gelebt, Helmut, weil du das nämlich gar nicht kannst. Mit Gabi hast du's verbockt, und jetzt machst du denselben Mist schon wieder. Ist dir eigentlich noch nie aufgefallen, wie egozentrisch du bist?»

Toppe stellte sein unberührtes Glas ab und ging zur Tür, weiß im Gesicht.

«Helmut?»

Er blieb stehen, aber er drehte sich nicht um.

«Du machst einen großen Fehler. Die meisten von uns haben irgendwann eine schlimme Zeit gehabt, aber wir lassen es nicht zu, dass sie unser ganzes weiteres Leben bestimmt.»

Toppe ging.

Sie hätten längst Feierabend machen können, wenn Cox nicht von unterwegs Bescheid gegeben hätte, sie mögen bitte auf ihn warten. Als er endlich kam, war er ernst und offensichtlich aufgeregt, denn er ließ Aktentasche und Mantel einfach auf einen Stuhl fallen und ging sofort zu seinem Diagramm von Geldeks Imperium.

«Ich glaube, ich habe etwas entdeckt. Es geht um sein Prestigeobjekt hier, um die *Stiftung für die Opfer von Gewalttaten*. Geldek hat dafür ein funkelnagelneues Gebäude hingesetzt. Da komme ich gerade her. Es steht in Reichswalde, gar nicht weit weg vom Eberhardshof. Von dort aus kann man es allerdings nicht sehen, weil ein Waldstück dazwischen ist. Man kommt auch nur von der Grunewaldstraße aus hin. Das Haus liegt am Ende einer ganz neuen kleinen Straße auf einem wunderschönen, großen Grundstück. Und wisst ihr, von wem Geldek das Grundstück gekauft hat? Von Knut Eberhard!»

«Guck mal einer an», meinte Astrid. «Uns hat Eberhard erzählt, er hätte Geldek nicht näher gekannt.»

«Das muss nicht mal gelogen sein», antwortete Cox. «Offiziell ist das Geschäft in Martina Geldeks Namen gelaufen. Auf alle Fälle hat Geldek das Grundstück damals für ein paar lächerliche Pfennige kaufen können, weil es nicht als Bauland ausgewiesen war, sondern nur forstwirtschaftlich genutzt werden konnte. Und eine Straße gab es auch noch nicht.»

«Und weiter?», drängte van Appeldorn.

«Ich weiß noch nichts Genaues, aber da scheint mir eine ziemliche Schweinerei gelaufen zu sein. Ich treffe mich gleich auf ein Bier mit einem jungen Typen vom Bauamt, der wohl ganz in Ordnung ist. Dann erfahre ich mehr.»

«Seit wann treibst du dich in Kneipen rum?», flachste van Appeldorn.

«Och, das wird langsam schon zur Gewohnheit. Gestern war ich in der Dorfkneipe in Reichswalde. War auch ganz interessant.»

Astrid duschte.

Mit fliegenden Händen zog er sich aus, trat hinter sie, umfasste ihre Brüste und presste seinen Unterleib gegen ihren Po.

Astrid schrie auf. «Spinnst du? Du hast mich zu Tode erschreckt!» Sie drehte sich in seinen Armen, das Wasser lief ihr übers Gesicht.

«Wollt ich nicht», raunte er. «Du bist so schön.» Er saugte an ihrem Ohrläppchen und griff nach dem Duschgel. «Komm her, ich helf dir beim Einseifen.»

Aber sie legte die Hände auf seine Brust und schob ihn weg. «Nein, Helmut, nicht heute. Ich krieg meine Periode, ich hab Bauchschmerzen, ich hab Kopfschmerzen und mir ist speiübel. Ich will nur noch in mein Bett.»

Wortlos hängte er sich ein Badetuch über die Schultern, hob seine Kleider auf und ging, nass wie er war, in sein Zimmer. Er wusste nicht, was er fühlte. In ihren Augen war keine Spur von Bedauern gewesen.

Auf seinem Schreibtisch stand, gegen das Telefon gelehnt, eine Fotografie von Alina Escher, die Porträtaufnahme aus dem ersten Aktenordner.

Sie war ein hübsches Kind gewesen, damals fast genauso alt wie Katharina jetzt. Die beiden hätten Schwestern sein können, das gleiche lockige Haar, die gleichen großen, dunklen Augen im herzförmigen Gesicht, das energische kleine Kinn.

Toppe trocknete sich ab, schlüpfte in Slip und T-Shirt und nahm sich die Zeitungsartikel der *Niederrhein Post* vom Sommer 1997 vor, in der es um Gernot Eschers offenbar sehr schmutzige Scheidung ging.

Natürlich hatte sich die Soko, nachdem der erste Artikel erschienen war, mit Eschers Vergangenheit beschäftigen müssen, und Toppe war froh, das Geschmiere dieses vorgeblichen Journalisten beiseite zu legen und sich dem sachlichen Ton der Ermittler zuwenden zu können.

Gernot Escher war seit 1975 verheiratet gewesen, es gab zwei gemeinsame Töchter. Seine Frau Christa hatte 1986 einen anderen Mann kennen gelernt, einen recht angesehenen Bildhauer, und sich von Escher, der damals Staatsanwalt in Köln gewesen war, trennen wollen. Escher hatte augenscheinlich sehr um den Bestand seiner Ehe gekämpft, dennoch hatte seine Frau 1987 die Scheidung eingereicht. Ihrem Anwalt gegenüber hatte sie als Grund dafür angegeben, sie befürchte, dass Escher seine beiden Töchter, zu dem Zeitpunkt acht und zehn Jahre alt, sexuell belästige. Im folgenden, offenbar sehr üblen Sorgerechtsprozess war der Anwalt dann mit dieser Anschuldigung herausgerückt. Sie hatte sich letztendlich als gegenstandslos erwiesen, aber bis dahin war sie längst durch die Kreise der Kölner Gerichtsbarkeit getragen worden, und man hatte Escher nahe gelegt, sich versetzen zu lassen. So war er Oberstaatsanwalt in Kleve geworden.

Die Soko Alina hatte den ganzen Skandal noch einmal aufgerollt. Kernstück war die Vernehmung von Christa Escher, die letztendlich versichert hatte, dass es niemals zu einer sexuellen Belästigung gekommen war. Sie habe zwar ihrem Anwalt gegenüber erwähnt, dass Escher, seit er von ihren Trennungsabsichten wusste, auffällig intensiv mit den Mädchen geschmust, ja sogar mit ihnen gemeinsam gebadet und im Bett gekuschelt hätte, und das alles wäre sehr ungewöhnlich gewesen, denn Escher sei eher ein kühler, zurückhaltender Typ. Aber Christa Escher betonte, dass sie ihren Anwalt nie angewiesen habe, ihrem Mann daraus einen Strick zu drehen.

Toppe lehnte sich zurück und rief sich Gernot Escher in Erinnerung. Kühl und zurückhaltend? Das war milde ausgedrückt. In seinen Gesprächen mit ihm über den Verhoevenmord und Geldeks Beteiligung daran hatte Toppe ihn als strengen, überkontrollierten Mann von geradezu preußischer Disziplin und Härte erlebt. Aber war es verwunderlich, dass auch so jemand sich seinen Kindern zuwandte, wenn er wusste, dass er bald von ihnen getrennt sein würde?

Er nahm sich wieder die Zeitungsartikel vor. Zwar war im August ein Bericht erschienen, aus der Feder eines anderen Journalisten übrigens, der ausführlich erklärt hatte, dass sämtliche Vorwürfe gegen Escher entkräftet wären, aber da war es um dessen Reputation in Kleve längst geschehen gewesen. Er war schon zu Beginn der Rufmordkampagne vom Dienst suspendiert worden und hatte sich dann wieder einmal versetzen lassen müssen. Er war Leitender Oberstaatsanwalt in Düsseldorf geworden und wohnte, vermutlich heute noch, in Meerbusch-Büderich.

Toppe musste zweimal hinschauen, Büderich, der Ort, wo er geboren und aufgewachsen war – die Welt war wirklich klein. Er zog seinen Block heran und schrieb. Noch mehr Fragen, die er Escher stellen wollte, Fragen zu Geldeks Prozess damals und Fragen zu Alinas Verschwinden, zu der «Entführung».

Mit den Akten allein kam er im Augenblick nicht weiter. Er musste mit dem Mann sprechen.

Zwölf Der Mittwoch war ein Spätsommertag von fast schon beklemmender Schönheit – warm und erfüllt vom schweren Duft feuchter Erde, der Himmel tintenblau und die Luft so klar, dass man das Gefühl hatte, sich darin spiegeln zu können.

Aber Toppe, Astrid und van Appeldorn nahmen nichts davon wahr. Sie standen vor den Fotos, die Toppe aus der Pathologie mitgebracht hatte, und fragten sich, mit welcher Waffe man Joosten wohl so misshandelt hatte.

«Es könnte die Rückseite einer Sichel sein.»

«Nein, die ist schmaler und eckiger.»

«Vielleicht eine Spazierstockkrücke oder eine Sessellehne?»

«Die sind weniger gebogen, oder?»

Astrid raufte sich die Haare. «Wie sollen wir eine Tatwaffe finden, wenn wir überhaupt keine Ahnung haben, wonach wir überhaupt suchen?»

«Es wird uns wohl trotzdem nichts anderes übrig bleiben», antwortete Toppe.

«Hast du dich mal mit Sinn und Verstand auf dem Hof umgeguckt?», gab van Appeldorn zurück. «Du hast doch wohl auch gesehen, wie viel Gerümpel da rumliegt».

«Eine ungefähre Vorstellung von der Waffe haben wir doch», meinte Toppe. «Und müsste Blut dran kleben.»

«Ganz doof war der Täter ja nicht», sagte Astrid, «sonst hätte er die Waffe am Tatort zurückgelassen. Also wird er wohl auch das Blut abgewischt haben. Van Gemmern steinigt uns, wenn wir ihm bergeweise Zeug ins Labor schleppen, damit er es mit Luminol einsprüht. Wo steckt eigentlich Peter schon wieder?»

Toppe hob die Schultern. «Ich weiß es nicht, er hat sich nicht gemeldet.»

Mittlerweile war es zwanzig nach elf geworden, aber keine Spur von Martina Geldek.

«Sie hat unsere Vorladung bekommen», berichtete van Appeldorn. «Ich habe mit Look gesprochen, der die Nachtwache vor dem Anwesen hatte. Die Geldek hat um kurz nach Mitternacht ihren Briefkasten am Tor geleert. Ich rufe die Kollegen mal an.»

Das Gespräch dauerte nur eine Minute. «Sie ist zu Hause. Vor einer Viertelstunde ist ein Lieferwagen von einem Supermarkt da gewesen, und sie hat die Haustür geöffnet und zwei Kartons in Empfang genommen.»

Es blieb still. Van Appeldorn schaute Toppe abwartend an.

«Fein», sagte der schließlich und verstaute Zigaretten und Feuerzeug in seiner Jacke. «Dann fahre ich jetzt wohl am besten zu Günther und sorge für eine richterliche Vorladung. Wenn die Dame dann immer noch denkt, sie könnte mit uns Katz und Maus spielen, haben wir wenigstens eine Handhabe, sie aus ihrer Bude rauszuholen. Fahrt ihr ruhig schon zu Eberhard, ich komme nach.»

Aber Cox verhinderte den allgemeinen Aufbruch.

«Ihr setzt euch besser hin», sagte er und breitete Papiere

auf seinem Schreibtisch aus. «Ich habe hier nämlich einen echten Knüller, wie es scheint.»

Eugen Geldek hatte dem Bauern Eberhard nicht nur ein, sondern zwei nebeneinander liegende Grundstücke abgekauft, eines 4800 qm, das andere rund 11000 qm groß. Die Grundstücke konnten zum Zeitpunkt des Kaufes ausschließlich forstwirtschaftlich genutzt werden und waren nur durch einen Fußweg zu erreichen, deshalb war ihr Verkehrswert verhältnismäßig gering gewesen.

Für beide Parzellen zusammen hatte Geldek 25000 Mark bezahlt. Offizieller Käufer war allerdings nicht Geldek selbst, sondern eine GmbH, die zum Zeitpunkt des Kaufes noch in Gründung und deren alleinige Gesellschafterin Martina Geldek war.

Die beiden Grundstücke wurden als Sacheinlage zum Stammkapital der GmbH.

Ein am Rand liegender kleiner Teil der Grundstücke – und das hatte Geldek anscheinend gewusst – war im Flächennutzungsplan der Stadt bereits als Verkehrsfläche ausgewiesen gewesen, und diese rund 1000 qm hatte die GmbH dann für 45 Mark pro qm an die Stadt verkauft, damit dort eine Straße gebaut werden konnte.

«Moment, warte mal», rief van Appeldorn und sah von seinem Zettel auf. «Ich habe mal mitgerechnet. Geldek hat Eberhard für an die 16000 qm Land 25000 Mark bezahlt. Das heißt rund eine Mark sechzig pro Quadratmeter. Und jetzt kassiert Geldek von der Stadt 45000 Mark für bloß 1000 Quadratmeter? Das ist doch ein Witz, oder?»

Cox drehte die Handflächen nach oben. «Das ist der normale Preis für eine ausgewiesene Verkehrsfläche.»

«Und ein satter Gewinn von über 20 000 Schleifen!»

«Stimmt, aber das sind nur Peanuts, wie ihr gleich sehen werdet», antwortete Cox. «Es kommt noch viel besser. Zunächst einmal hat die Stadt den Bauauftrag für die Straße an eine von Martina Geldeks Baufirmen vergeben, und daran hat die schon mal nicht schlecht verdient, habe ich mir sagen lassen.»

Danach hatte Geldek, beziehungsweise seine Frau, 4800 qm Grund für private Zwecke vom Flurstück abgetrennt, die restlichen 10 000 qm waren bei der GmbH verblieben. «Der Preis für das 4800 qm große Grundstück ist übrigens nie gezahlt worden. Das hat die GmbH der Frau Geldek großzügig erlassen. Auf dieses Grundstück, und das finde ich besonders fein, hat das Ehepaar Geldek sich eine neue Villa hingesetzt, einen Riesenkasten.»

Durch den Bau der Straße war der Wert der beiden Grundstücke auf 250 Mark pro Quadratmeter gestiegen. «Hast du mitgerechnet, Norbert?»

«Ja, ja», murmelte van Appeldorn einigermaßen erschlagen. «Macht insgesamt 3,7 Millionen, 2,5 für das GmbH-Grundstück und 1,2 für das private.»

«Genau! Und jetzt kommt das Allerbeste.»

Geldeks hatten ihre GmbH in eine Stiftung eingebracht, in die *Stiftung für die Opfer von Gewalttaten,* und die Caritas als Träger und Betreiber dafür gewinnen können. Die Stadt Kleve hatte daraufhin die Bürgschaft für den Bau des Heimes übernommen, eine ausreichende Fläche als Baugelände ausgewiesen und einer Geldek'schen Baufirma den Bauauftrag erteilt. Als Bonbon, gewissermaßen als Dank für die großzügige Spende von 2,5 Millionen in

Form der Stiftung, hatte die Stadt gleichzeitig die Baugenehmigung für Geldeks Einfamilienhaus auf dem Nachbargrundstück ausgestellt. Beide Gebäude waren gleichzeitig geplant worden, und so weit Cox hatte heraushören können, war das Privathaus vorwiegend aus Materialien des Opferheimes errichtet worden.

«Wenn wir mal alles zusammenfassen, hat Geldek also ein Grundstück im Wert von 1,2 Millionen kostenlos von der Stadt erschlossen gekriegt. Seine Villa ist fast geschenkt gewesen, weil er das Baumaterial dafür vom Opferheim abgezweigt hat. Dazu kommen noch die satten Gewinne von den Bauaufträgen für die Straße und das Heimgebäude. Und natürlich sollte man auch nicht vergessen, dass Geldeks Ansehen bei der Stadt Kleve erheblich gestiegen ist, weil er ja das Grundstück im Wert von 2,5 Millionen so selbstlos gespendet hat. Also hat er alles in allem ein verdammt gutes Geschäft gemacht.»

Die anderen hatten Mühe, die ganze Geschichte zu verdauen.

Cox schob seine Blätter zusammen. «Ich war eben noch bei Günther, deshalb bin ich auch so spät dran. Das Dumme ist, dass man Geldek für diese ganze Schweinerei nicht belangen kann. Was aber nichts daran ändert, das Knut Eberhard mit Sicherheit eine Mordswut auf Geldek gehabt hat. Und auch auf Tobias Joosten. Ich glaube nämlich, dass es Joosten war, der Geldek den Tipp mit den Grundstücken gegeben hat. Die Reichswalder haben mir erzählt, jeder im Dorf – auch Joostens Eltern – hätte gewusst, dass Eberhard bei der Stadt beantragt hatte, die Waldgrundstücke in Bauland umzuwandeln. Dann hätte er sie nämlich selbst teuer verkaufen können. Aber er ist beim Bauamt wohl auf taube Ohren gestoßen.»

Cox ließ sich auf seinen Stuhl fallen. «Ich weiß nicht, wie ihr das seht, aber für mich ist das perfekt. In unseren beiden Fällen ist Rache das Motiv.»

Es passte alles zusammen. Als Eberhard herausgefunden hatte, in welchem Maß er von Geldek über den Tisch gezogen worden war, hatte er rot gesehen. Außer sich vor Wut war er auf Geldek losgegangen. Mit der gleichen Rage hatte er auf Joosten eingeprügelt. Eberhard hatte die richtige Größe und Statur, er fuhr einen roten Kleinwagen, und er hatte für beide Tatzeiten kein überzeugendes Alibi.

«Ich denke, die Verdachtsmomente dürften ausreichen», wandte sich van Appeldorn an Toppe. «Besorgst du den Haftbefehl?»

«Nein, mach du das. Und besorge auch gleich eine richterliche Anweisung für eine Speichelprobe, damit der DNA-Abgleich gemacht werden kann. Wenn ihr Eberhard einkassiert habt, bringt ihr ihn erst mal in die Pathologie. Ich telefoniere in der Zwischenzeit mit Arend. Der soll den Amtszahnarzt kommen lassen. Die beiden können gleich einen Gebissabdruck nehmen und ihn mit den Bissmarken an Geldeks Hand vergleichen. Ich werde mich auch darum kümmern, dass das Auto eingeschleppt wird und bestelle die beiden Zeugen ein.»

«Du könntest auch schon mal eine Presseerklärung vorbereiten. Dann lassen diese Geier uns vielleicht eine Weile in Ruhe», schlug Cox vor. «Üblicher Tenor, du weißt schon: erste Verhaftung im Mordfall Geldek. Und als Sahneschnittchen vielleicht, dass es einen Zusammenhang zwischen den beiden Morden gibt.»

«Zu früh. Erst müssen wir Eberhard hier haben.»

Cox und van Appeldorn machten sich auf den Weg zu Günther, und auch Astrid nahm ihre Autoschlüssel. «Ich muss noch kurz was abholen, und dann fahre ich auch nach Reichswalde. Kann sein, dass Eberhard eine Generalbeichte ablegt und uns die Tatwaffe gleich in die Hand drückt. Aber wenn nicht, wird uns wohl nichts anderes übrig bleiben, als sie zu suchen.»

Die Gespräche mit den beiden Zeugen waren schnell erledigt, der Anruf bei Bonhoeffer fiel Toppe schon schwerer, aber die größten Probleme hatte er mit dem vierten Telefonat.

Knut Eberhard stritt beide Taten ab. Obwohl van Appeldorn, der normalerweise mit seinem Vernehmungsstil sehr erfolgreich war, sämtliche Register zog, bekam er nicht viel mehr zu hören als: «Damit habe ich nichts zu tun.» Und als die Sprache auf den Verkauf der beiden Waldgrundstücke kam, kniff Eberhard verstockt die Lippen zusammen und fiel in beharrliches Schweigen.

Schließlich verließ van Appeldorn das Vernehmungszimmer und baute sich vor Toppes Schreibtisch auf. «Übernimm du ihn», blaffte er. «Mit so tumbem Säcken komm ich nicht klar. Du kriegst solche Typen leichter geknackt.»

Aber Toppe winkte ab. «Ich muss zur Pressekonferenz. Lass ihn schmoren. Eine Nacht in der Zelle wird ihn weich kochen.»

«Woher willst du das wissen? Du hast noch kein Wort mit ihm gewechselt!»

«Ich habe ihn gesehen. Wann wollte Arend sich wegen der Bissmarken melden?»

«Morgen Vormittag.»

«Prima! Eberhards Auto steht unten in der Garage, die Zeugen kommen um neun. Dann wissen wir mehr.»

Fürs Abendbrot hatte Astrid den Tisch auf der Terrasse gedeckt. Sie saßen entspannt beieinander, überlegten, welche Sträucher sie in ihrem neuen Gärtchen anpflanzen sollten, ob sie ein Staudenbeet wollten oder vielleicht doch lieber einen Baum, eine Linde oder einen Ahorn. Sie beobachteten ihre Tochter, die stillvergnügt zwei Spatzen mit Brotkrümeln fütterte. Schließlich nahm Astrid Katharina auf den Arm und ging mit ihr ins Haus. «Möchtest du heute Sesamstraße gucken?»

Als sie zurückkam, wedelte sie mit zwei Eintrittskarten. «Rate mal, was ich hier habe!»

Toppe lachte. «Nicht die leiseste Ahnung.»

«Zwei Karten für Mathias Richling am Freitag! Und einen Babysitter habe ich auch. Nein, warte! Du brauchst nicht so zu gucken. Es sind nicht meine Eltern!»

«Tut mir Leid.» Toppe räusperte sich. «Ich kann nicht. Ich habe heute Escher angerufen. Am Freitag fahre ich nach Büderich, um mit dem Mann zu reden. Aber weißt du was? Nimm doch Ulli mit, die freut sich bestimmt.»

Astrid starrte ihn einen Moment lang an, dann riss sie die Karten zweimal durch und ließ die Schnipsel auf Toppes Teller rieseln. «Aber heute hast du nichts vor? Gut, dann kümmere dich um deine Tochter. Ich gehe reiten! Das wolltest du doch so, oder?»

Astrid trat an Hectors Box heran. «Na, mein Schöner. Ja, komm her, lass dich anschauen.» Sie sprach sanft, aber der Wallach warf mit aufgerissen Augen den Kopf zurück und fing an zu tänzeln.

«Ein temperamentvoller Bursche, was?»

Astrid machte einen Satz. «Clemens! Meine Güte, haben Sie mich erschreckt! Ich hab Sie gar nicht kommen hören.»

Böhmer reagierte nicht darauf, er tätschelte Hector den Hals. «Ist übernervös, der Junge. Wenn man bei dem nicht die Ruhe selbst ist, geht man leicht baden.»

Er warf Astrid einen prüfenden Blick zu. Als er sich nach einem Heuballen bückte, streifte er mit dem Ellbogen ihre Brust.

«Super!», schallte es vom Stalltor her – Mareike in einem rosafarbenen Overall, die blonde Lockenpracht auf dem Kopf zu einem plustrigen Etwas zusammengebunden. «Du hast dich also endlich durchgerungen! Hector ist ein Goldstück, du wirst ihn lieben. Darauf müssen wir anstoßen. Los, komm!» Sie schob Böhmer beiseite. «Ach, hallo, Clemens ...» Dann fasste sie Astrid bei der Hand und zog sie mit. «Ich habe zufällig eine Flasche Kribbelwasser dabei.» Aus einer Kühltasche, die auf dem Beifahrersitz ihres Cabrios stand, holte sie eine Flasche Champagner und zwei Gläser.

Astrid musste lachen. «Allzeit bereit! Bist du unter die Pfadfinder gegangen?»

«Ich kann mich bremsen. Nein, eigentlich hab ich ein Date.» Mareike kicherte. «Der Glückliche weiß nur noch nichts davon. Manchen Kerlen muss man ein bisschen auf die Sprünge helfen, und da ist so ein Fläschchen ganz hilfreich.» Sie zog den Reißverschluss ihres Overalls noch ein Stück herunter und gab den Blick frei auf den Ansatz ihrer Push-up-Brüste. «Und das hier natürlich.»

In diesem Augenblick kam ein zitronengelber Porsche auf den Hof gebraust.

Astrid blinzelte. «Dein Date heißt nicht zufällig Jörg Hellinghaus?»

Aber Mareike lachte zirpend. «Nein, zufällig nicht. Ich fische nicht gern in fremden Gewässern. Ihr seid ja ganz schön aufeinander abgefahren am Samstag.»

Astrid merkte, dass sie rot wurde. «Ach, Blödsinn! Ich hatte einfach nur zu viel getrunken.»

«Assi, Schätzchen, das ist es doch gerade. Du weißt doch, Kinder und Betrunkene sagen die Wahrheit. Du warst ganz schön heiß, und dass Jörg auf dich steht, und zwar im wahrsten Sinne des Wortes, konnte ja wohl keiner übersehen, der Augen im Kopf hatte.»

Jörg Hellinghaus beugte sich ins Auto und holte seine Reitstiefel heraus. Mareike stupste Astrid in die Seite. «Jetzt guck dir doch mal diesen Hintern an, allererste Sahne! Sei doch nicht so prüde, Mensch! So was Knackiges muss doch eine nette Abwechslung für dich sein. Naschen ist erlaubt, hör auf Tante Mareike.»

Hellinghaus kam herangeschlendert. «Wenn ich kein Glückspilz bin! Die beiden schönsten Frauen des Kreises!» Er hauchte Mareike zwei Küsschen auf die Wangen, dann schlang er seinen Arm um Astrids Taille, zog sie an sich und bedachte ihre Lippen mit einem sinnlichen Blick, bevor er sie küsste. «Ich merke, du hast mich vermisst.»

Astrid stieß ihn hastig von sich. «Lass den Quatsch, ja! Ich bin kein Freiwild.»

Hellinghaus kicherte. «Du kannst ja richtig giftig gucken. Wie niedlich! Komm, sei brav, ja? Du bist und bleibst eben meine große Liebe, und es ist eine Schande, dass du nicht auf mich warten konntest.»

«Hör doch auf, Jörg. Wir haben nie etwas miteinander gehabt!»

«An mir hat das bestimmt nicht gelegen», antwortete Hellinghaus und lehnte sich gegen Mareikes Cabrio, streifte die Schuhe ab und schlüpfte in die Stiefel. «Aber was nicht ist, kann ja noch werden.»

«Wo hast du eigentlich die ganzen Jahre gesteckt?», mischte sich Mareike ein.

Jörg Hellinghaus nahm ihr das Sektglas aus der Hand und leerte es in einem Zug. «Auf Fotosafari, mal hier, mal da. Musste mir ein bisschen die Hörner abstoßen, bevor ich sesshaft werde. Aber jetzt reicht es meinen Eltern. Sie wollen sich einen schönen Lebensabend machen und haben mir den Laden überschrieben.»

Mareike zwinkerte Astrid zu. «Toll, Jörg, dann bist du ja eine richtig gute Partie!»

Clemens Böhmer beobachtete die Szene vom Fenster aus. Was für ein Fatzke! Grabschte sie schon wieder an, aber heute schien sie nicht so begeistert. Fotograf war der Kerl und hatte sich bei seinen Alten ins gemachte Nest gesetzt.

Der Teufel schiss immer auf den größten Haufen. Ihm war nie was geschenkt worden. Hatte er etwa nicht immer geschuftet wie ein Verrückter? Hatte es sogar in die Selbständigkeit geschafft, zweimal, aus eigener Kraft. Aber sie hatten ihn lang gemacht, alle wie sie da waren. Viel zu jung war er gewesen, als er seinen ersten Laden aufgemacht hatte, viel zu unerfahren. Sonst hätte er sich damit bestimmt über Wasser halten können. Dann hätte er auch keine Hypothek aufnehmen müssen, und sie hätten das Häuschen von Sibylles Oma behalten können, als sein Kurierdienst auch Pleite gegangen war. Konnte er ahnen, dass die Kunden ausblieben, dass die Leute ihn mieden wie die Pest? Er roch eben nach Armut. Was wusste dieser Casanova da draußen schon? Und die Steendijk hatte anscheinend auch keine Ahnung, was wirklich wichtig war im Leben. Sonst würde sie ja wohl ihr Engelchen nicht alleine lassen, bloß um sich hier zu vergnügen. Wenn er wieder auf die Füße kam, konnte Sibylle ihm gestohlen bleiben. Er würde schon eine Frau finden, er war noch nicht zu alt. Und dann würde er auch ein Kind haben, ein kleines Mädchen mit braunen Augen und dunklen Locken. Böhmer spuckte auf den Boden und wischte sich über den Mund. Dieses Arschloch Jörg hatte Dreck am Stecken, so viel war sicher. Man munkelte, dass er wegen irgendwas abgetaucht war. Er würd's schon noch rausfinden ...

Toppe wartete. Er hatte ein Windlicht auf den Terrassentisch gestellt, eine Flasche Rotwein getrunken, eine zweite aufgemacht. Zum Lesen war es zu dunkel, aber er war sowieso zu erschöpft, zu müde auch zum Nachdenken. Dicker Tau setzte sich auf dem Tisch ab, es wurde Herbst.

Um zwanzig nach elf endlich hörte er Astrids Schlüssel im Haustürschloss. Sie hatte anscheinend das Kerzenlicht gesehen und trat auf die Terrasse. «Bin wieder da.»

«War's schön?»

«Ich stinke nach Pferd», meinte sie brüsk und ging ins Haus zurück.

Toppe sprang auf. «Astrid, warte!» Das Weinglas kippte um und zerbrach.

Er hielt sie an den Armen fest. «Es tut mir Leid», flüsterte er und presste seine Stirn gegen ihren Nacken. «Ich bin ein Egoist.»

Sie seufzte und drehte sich um. «Du kannst es wieder gutmachen. Am Wochenende ist Kinderfest auf dem Reiterhof, mit Kasperletheater, Zauberer und allem Drum und Dran.»

«Na, das ist doch Klasse», antwortete er. «Ich bin dabei, und zwar Samstag und Sonntag, versprochen.»

Sie seufzte wieder. «Ich nehme dich beim Wort. Und jetzt geh ich schlafen.»

«Ich räum nur schnell die Sachen rein, dann komme ich nach.»

«Helmut, mir tut jeder einzelne Muskel im Leib weh...»

«Ist schon gut.» Er holte Handfeger und Kehrblech.

Die Soko Alina hatte damals etliche Fälle ausgegraben, die Escher bearbeitet hatte, immer auf der Suche nach einem Menschen, der Escher hasste, der Rache üben wollte. Man hatte sorgfältig recherchiert, jeden Einzelnen, der infrage kam, überprüft. All das musste er eigentlich noch durcharbeiten, bevor er am Freitag nach Büderich fuhr.

Dreizehn   Aber dazu kam Toppe erst einmal nicht.
Van Appeldorn hatte auf stur geschaltet, und so blieb ihm nichts anderes übrig, als selbst mit Knut Eberhard zu sprechen. Vorher allerdings musste Eberhard aus dem Polizeigewahrsam ins Gefängnis an der Krohnestraße gebracht werden, damit der zuständige Richter ihn ausantworten konnte. Glücklicherweise hatte Knickrehm heute Dienst, und die Vernehmung war unkompliziert und kurz gewesen.

«Wollen Sie sich kurz frisch machen?»

Eberhard roch säuerlich, und in seinen Mundwinkeln hatten sich braune Bröckchen gesammelt.

«Ihre Frau hat Ihnen Waschzeug gebracht.»

«Ich hab's gehört.» Was nicht weiter verwunderlich war, denn Frau Eberhard hatte die ganze Etage zusammengekeift. Jetzt war sie unterwegs, um einen Anwalt aufzutreiben.

«Ich brauche nichts. Ich will bloß raus hier.» Eberhard rubbelte sich mit dem Finger über die Zähne, roch daran und leckte ihn ab. «Ich hab keine Sekunde geschlafen.»

«Viel besser geht es mir auch nicht.» Toppe überwand sich und hielt Eberhard seine Hand hin. «Wir haben zwar schon eine Reise hinter uns, aber ich glaube, ich habe mich noch gar nicht richtig mit Ihnen bekannt gemacht. Toppe! Ich leite die Abteilung hier.»

Eberhard reichte ihm seine Rechte. «Gott sei's gedankt! Dann haben Sie bestimmt mehr Ahnung. Ich schwöre beim Allmächtigen, ich habe niemanden umgebracht. In meinem ganzen Leben hab ich noch nie einem Menschen ein Haar gekrümmt. Und jetzt sitze ich hier in Untersuchungshaft, wenn ich alles richtig verstanden habe. Das kann doch nicht wahr sein! Ich hab doch nichts getan. Warum halten Sie mich fest?»

«Lassen Sie uns über etwas anderes sprechen. Wann haben Sie Ihre Grundstücke an Geldek verkauft?»

Die Antwort kam wie aus der Pistole geschossen. «Im Juli waren es zwei Jahre.»

«Haben Sie mit Geldek selbst verhandelt?»

«Mit dem König von Kleve? Das meinen Sie doch nicht ernst! Den hab ich ein paar Mal von weitem gesehen, mehr nicht. Den Vertrag habe ich mit Joosten gemacht, mit diesem Judas!»

«Joosten hat Sie verraten?»

«Wie würden Sie das denn nennen? Es kann nur Joosten gewesen sein, der Geldek von meinen Grundstücken erzählt hat. Die zwei wussten genau, was das Land wert war, aber mich haben die eiskalt über den Tisch gezogen.»

«Und warum haben Sie uns das nicht erzählt?»

Eberhard porkelte an seinem Mundwinkel herum. «Weil ich Schiss hatte, ihr buchtet mich ein. Habt ihr ja auch!» Er klang weinerlich.

«Rauchen Sie?» Toppe hielt ihm seine Zigarettenschachtel hin.

Aber Eberhard schüttelte den Kopf. «Ich rauch bloß Zigarren, manchmal.»

Toppe steckte die Schachtel wieder ein. «Rechtlich gesehen hat Geldek Sie nicht betrogen. Er hat Ihnen einfach nur nicht alles erzählt.»

Eberhard schnaubte. «Ich nenne so was Betrug! Und von der Stadt wollen wir gar nicht erst reden! Sie können sich nicht vorstellen, wie oft ich beim Bauamt auf der Matte gestanden habe, damit die mir das Waldstück zum Bauland machen. Aber bei unsereinem läuft da nichts. Da muss ein Bonze wie Geldek kommen, dann ist alles kein Problem mehr. Hat ja auch genug auf Sack, dass er jeden schmieren kann.»

«Ja», nickte Toppe, «das ist bitter. Sie müssen Geldek die Pest an den Hals gewünscht haben. Immerhin hat er letztendlich 3,7 Millionen Mark mit Ihren Grundstücken gemacht.»

«Wie viel?» Eberhard riss die Augen auf, an seiner Schläfe trat pulsierend eine Ader hervor. «Mann, Mann, Mann, das gibt's ja gar nicht! Dieses Schwein!»

Toppe betrachtete ihn schweigend.

Eberhard sammelte sich wieder. «Aber getan hab ich dem nichts! Ehrlich nicht, Herr Toppe. Ich kannte den doch gar nicht. Ich weiß doch gar nichts von dem.»

«Gut. Und was wollte Joosten vorgestern von Ihnen?»

Der Mann lief dunkelrot an. «Ich weiß es nicht, verflucht nochmal! Das hab ich schon hundertmal gesagt. Als ich den gefunden habe, war er tot.»

Eberhard war verwirrt, aber Toppe spürte noch etwas anderes – Furcht.

Astrid steckte den Kopf zur Tür herein. «Helmut, kommst du mal kurz?»

Toppe schaltete das Tonbandgerät ab. «Bleiben Sie sitzen. Wir sind noch nicht fertig.» Dann schickte er den Beamten, der auf dem Gang wartete, zu Eberhard ins Zimmer.

«Was gibt es denn?»

«Schlechte Nachrichten.» Astrid sprach leise. «Arend hat sich gemeldet. Die Bissmarken an Geldeks Hand stammen nicht von Eberhard.»

Toppes Augen funkelten. «Nun, das ist schade, aber das haut ihn nicht raus. Geldek kann kurz vorher von jemand anderem gebissen worden sein. Wer weiß, vielleicht hatte er Zoff mit seiner Frau.» Er schlug sich gegen die Stirn. «Verdammt, ich wollte doch veranlassen, dass Günther sie vorlädt.»

«Das hat Norbert erledigt. Aber da ist noch was: Die Zeugen sagen übereinstimmend, dass Eberhards Auto die falsche Farbe hat, viel zu dunkel.»

Toppe fluchte leise. «Lass Eberhard wieder runterbringen und komm dann ins Büro. Wir müssen nachdenken.»

«Selbst wenn er für Geldek aus dem Schneider ist, für den Mord an Joosten bleibt er im Spiel», fasste van Appeldorn eine halbe Stunde später ihre gemeinsamen Überlegungen zusammen. «Nehmen wir ihn uns also noch einmal zur Brust. Diesmal zu zweit?»

Toppe nickte und rief im PG an, aber Eberhard sprach gerade mit seinem Anwalt.

Danach verweigerte er jede weitere Aussage.

«Das bedeutet dann ja wohl, dass wir doch die Tatwaffe

suchen müssen», meinte Astrid wenig begeistert. «Ihr hättet mich gestern mal sehen sollen. Ich war schwarz von Kopf bis Fuß. Bei denen liegt überall eine Unmenge von Plunder herum, und alles starrt nur so vor Dreck. Und die ganze Zeit saß mir diese Hexe im Nacken und hat mich angeschnauzt.»

«Welche Räume hast du denn durchsucht?», wollte Cox wissen.

«Ich habe mir erst einmal einen Überblick verschafft und dann zwei Kellerräume gründlich durchforstet. Da sind aber noch drei weitere, voll gestopft bis unter die Decke, außerdem der Dachboden und natürlich die ganzen Nebengebäude.»

Cox nahm einen Stapel Listenformulare aus seinem Schreibtisch. «Das gehen wir ganz systematisch an», murmelte er. «Gar kein Problem für uns.»

«Ach», winkte Astrid ab, «ich halte das Ganze für völlig aussichtslos. Eberhard kann die Waffe doch einfach verbuddelt haben, oder er hat sie in die Jauchegrube geworfen, dann finden wir sie nie.»

«In dem Fall bleibt uns immer noch Joostens Kleidung», meinte Toppe ruhig. «Wenn Eberhard der Täter ist, müssen sich daran ziemlich sicher Spuren befinden, mit denen seine DNA bestimmt werden kann. Bonhoeffer hat die Blutprobe gleich eingeschickt, und er wollte es dringend machen.»

«Aber bis das Ergebnis da ist, können wir ja wohl schlecht hier rumsitzen und Däumchen drehen. Dann wollen wir mal!» Cox rieb sich die Hände. «Fährt einer von euch bei mir mit?»

Van Appeldorn erbarmte sich.

Astrid stieg zu Toppe ins Auto. Sie klappte die Sonnenblende herunter und betrachtete ihre neue Frisur im Spiegel, zupfte ein paar Strähnen zurecht. Langsam gewöhnte sie sich an den Anblick und kam sich nicht mehr so fremd vor. An der Gruftstraße staute sich der Verkehr, und sie kamen nur im Schritttempo voran. Ein paar Männer von der Stadtgärtnerei waren dabei, das Klever Wappen am Hang mit Tagetes zu bepflanzen.

Astrid lehnte sich wieder zurück. «Darf ich dich mal was fragen?»

«Was bist du denn so vorsichtig?» Toppe runzelte die Stirn. «Frag doch einfach!»

«Gut, wenn du meinst. Warum fährst du zu Escher? Was willst du von dem? Ich weiß, dass du dich damals furchtbar geärgert hast, weil der nicht so wollte wie du, aber was hat Escher mit unseren Morden zu tun? Und wieso fährst du ausgerechnet jetzt? Wir haben doch einen Verdächtigen.»

«Nicht für den Mord an Geldek!»

«Aber das wusstest du noch nicht, als du dich mit Escher verabredet hast, Helmut.»

Toppe warf ihr einen schnellen Blick zu. «Eigentlich hat Norbert mich auf die Idee gebracht, als er meinte, dass Escher dem Geldek so viel Milde hat zuteil werden lassen, weil er womöglich bei dem auf der Lohnliste gestanden hat. Was, wenn es tatsächlich so war? Ich habe mit Stein gesprochen, und wenn ich den richtig verstanden habe, hat Escher sich darum gerissen, den Fall zu bearbeiten. Wenn Geldek Escher damals bestochen hat, dann hatte er ihn in der Hand. Es könnte doch sein, dass Geldek den Herrn

Oberstaatsanwalt jetzt damit unter Druck gesetzt hat, aus welchem Grund auch immer. Escher hat in seinem Leben schon zweimal gründlich eins auf die Mütze gekriegt. Ich glaube nicht, dass seine Nerven noch die besten sind.»

«Zweimal? Ach, stimmt ja, der war mal kurz verdächtig, selbst an der Entführung beteiligt gewesen zu sein, und dann hat man versucht, ihn zum Kinderschänder zu stempeln. Aber es steckte doch nichts dahinter, es ist doch alles entkräftet worden.»

«Das hat ihm auch nicht mehr helfen können, sein guter Ruf war dahin. Der Mann musste zweimal umziehen und ganz von vorn anfangen.»

«Hm, und ich dachte, du hättest dich in die Entführung verbissen. Ich dachte, es hätte irgendwie etwas mit Katharina zu tun», fügte sie leise hinzu.

Toppe trat auf die Bremse. «Mit Katharina?»

«Na ja, ich weiß, wie Alina ausgesehen hat. Ihr Foto steht auf deinem Schreibtisch.»

Der Freitagmorgen bescherte ihnen zwei groß aufgemachte Artikel über ihren Fahndungserfolg in beiden Lokalzeitungen und einen Anruf von Look, der wieder einmal Dienst vor Geldeks Haustür schob. «Seid ihr alle da?»

Cox schaltete das Telefon auf Lautsprecher. «Jawohl, Kasperle!»

«Was? Ach egal!», knurrte Look. «Zielperson hat Haus verlassen, geht in Garage.»

Van Appeldorn tippte sich an die Stirn. «Zielperson!»

«Was? Jetzt … Zielperson verlässt in blauem BMW, amtliches Kennzeichen …»

«Geschenkt!», rief van Appeldorn.

«Was? Ach so! Fährt vom Grundstück Richtung Schleuse. Wir folgen!»

Dann bekamen sie eine detaillierte Wegbeschreibung und schließlich: «Ja, spinn ich denn? Ich glaub, die will zu euch. Tatsächlich! Jetzt hat sie eingeparkt.»

Martina Geldek sah sehr müde aus. «Ich möchte eine Aussage machen.»

«Was für eine aparte Idee!» Van Appeldorn nahm in aller Ruhe die Beine vom Schreibtisch. «Dann gehen wir doch am besten gleich in die gute Stube, wo das kleine Bandgerät steht.» Er sah Toppe fragend an: Du oder ich? Der zuckte die Achseln: Mach nur!

Er ging zur Kreiskarte hinüber, die neben dem Fenster hing. Vielleicht fand er ja, bevor er nach Büderich fuhr, gleich noch die Zeit, sich Eschers früheres Heim in Donsbrüggen anzusehen, den Garten, aus dem man Alina entführt hatte. Da war der *Nössling*, eine Stichstraße hinter dem Donsbrüggener Sportplatz. Sie lag im Naturschutzgebiet. Wie hatte Escher dort eine Baugenehmigung bekommen können?

Martina Geldek hatte am Tag nach der Ermordung ihres Mannes zwei anonyme Anrufe erhalten, in denen sie bedroht worden war. Beim ersten Telefonat hatte der Anrufer nur gesagt: «Das Schwein ist tot. Pass gut auf, dass es dir nicht auch an den Kragen geht.» Aber eine Stunde später war der Mann deutlicher geworden: «Unsereins geht auf dem Zahnfleisch, und ihr baut euch hier von meinem

Geld eine Prachtvilla hin. Aber das ist deine Unterschrift hier auf dem Vertrag, du alte Sau. Ich hack dir die Hand ab, und dann schlitze ich dir die Kehle auf, ganz langsam.»

Da hatte sie gewusst, dass der Anrufer niemand anderes als Eberhard gewesen sein konnte, und war in Panik geraten.

Auf van Appeldorns Frage, warum sie sich nicht an die Polizei gewandt hatte, hatte sie einmal mehr geantwortet: «Ich lasse den Namen meines Mannes nicht in den Dreck ziehen. Seine Geschäfte waren reell.» Schließlich hatte sie Tobias Joosten angerufen und ihn um Hilfe gebeten.

«Und als Sie heute früh in der Zeitung lasen, dass wir einen Bauern aus Reichswalde festgenommen haben, da sind Sie aus ihrer Trutzburg gekrochen gekommen.»

«Ganz recht.»

«Tobias Joostens Tod hat Sie dazu nicht bewegen können?»

Mit versteinerter Miene unterschrieb sie das Protokoll und ging.

«Ich hätte jetzt nichts gegen einen doppelten Cognac», meinte van Appeldorn, als sie weg war. «So was wie die hab ich noch nie erlebt, und das will was heißen.»

«Unser Bäuerlein aus Reichswalde hat sich ganz schön in die Scheiße geritten.» Cox wickelte seine Schokoladenstückchen aus. «Ich möchte wissen, wie der sich aus der Nummer noch rauswinden will.»

«Wenn er gescheit ist», sagte Astrid, «hält er einfach weiter den Mund.»

«Das wollen wir doch mal sehen!» Van Appeldorn feixte und griff zum Telefon.

Toppe war seit mindestens zwanzig Jahren nicht mehr in Büderich gewesen.

Als er in Meerbusch ankam, wo die Reichen, Schönen aus der Landeshauptstadt residierten und wo auch Escher wohnte, stellte er fest, dass er gut eine halbe Stunde zu früh war. Also fuhr er durch bis zum Ortskern, stellte sein Auto auf einem Platz schräg gegenüber von der Kirche ab und lief durch die Straßen. Ein unbekanntes Gefühl drückte ihm die Brust zusammen.

Büderich hatte seinen dörflichen Charakter abgestoßen. An der Hauptstraße gab es jetzt lauter Läden mit trendigem Schnickschnack, Szenecafés, Weinboutiquen, die die Nähe zu Düsseldorf ahnen ließen. Hier roch es ein bisschen nach Wohlstand und neuem Jahrtausend, aber nur ein paar hundert Meter vom Zentrum entfernt sah es anders aus: grau, unscheinbar, die Häuser trist und dunkel. Daran konnte er sich erinnern, an die Schienen der K-Bahn, die löcherigen Bürgersteige.

Er sah in die Gesichter der Passanten, erkannte niemanden.

Der Friedhof – um das Grab der Eltern hatte er sich nie gekümmert, er würde auch heute nicht hingehen.

Gernot Escher hatte sich kaum verändert, das Haar war immer noch weizenblond, der Blick aus den dunkelbraunen Augen immer noch aufmerksam und direkt, nur die Falten um den Mund waren ausgeprägter.

Er begrüßte Toppe mit einem festen, trockenen Händedruck. «Möchten Sie ablegen?»

Toppe gab ihm seine Jacke. Irgendwo im Haus greinte

ein Kind. Das musste Eschers Sohn sein, Benjamin, nur knapp drei Monate nach Alinas Entführung geboren.

«Darf ich Sie in mein Arbeitszimmer bitten?»

Das Gespräch begann steif und förmlich, genau wie Toppe es befürchtet hatte. Escher wusste aus der Zeitung von Geldeks Tod, konnte aber nicht nachvollziehen, weshalb Toppe mit ihm darüber sprechen wollte.

«Ich erinnere mich, dass Sie damals mit meinem Strafmaß nicht einverstanden waren.»

«Das bin ich immer noch nicht! Und ich kann es nach wie vor nicht verstehen, dass Geldek nicht unter Anklage wegen Anstiftung zum Mord gestellt wurde.»

Escher betrachtete ihn interessiert. «Stimmt, jetzt fällt es mir wieder ein, Sie konnten keine schlüssigen Beweise beibringen. Aber erklären Sie mir doch bitte, was das alles mit Geldeks Ermordung zu tun hat.»

«Ich hoffe, dass Sie mir das erklären werden. Warum haben Sie sich damals eigentlich so darum gerissen, Geldeks Fall zu bearbeiten?»

«Habe ich das?» Eschers Mundwinkel zuckten. «Wer hat das behauptet?»

«Zum jetzigen Zeitpunkt möchte ich keine Namen nennen.»

«Dann ist Ihre Behauptung irrelevant. Haben Sie noch weitere Fragen?»

Toppe biss die Zähne zusammen, irgendwie musste dieser Mensch doch aus der Reserve zu locken sein. «Wie haben Sie es eigentlich geschafft, eine Baugenehmigung für ein Haus mitten im Naturschutzgebiet zu bekommen?»

Für den Bruchteil einer Sekunde kniff Escher die Augen

zusammen. «Darum hat sich das Architekturbüro gekümmert.»

«Dürfte ich den Namen des Architekten erfahren?»

«Martina Geldek.»

«Und deren Firma hat dann auch den Bau ausgeführt, nehme ich an.»

«Exakt.»

«Höchst interessant! Meines Wissens arbeitet Frau Geldek schon lange nicht mehr in ihrem Beruf.»

«Das entzieht sich meiner Kenntnis.»

Selbstverständlich! Toppe rechnete nach. Als Eschers Haus gebaut wurde, war Eugen Geldek außer Landes gewesen. Hatte Martina Geldek Escher überredet, Geldeks Fall zu übernehmen, indem sie ihn mit einem natürlich sehr kostengünstigen Haus in einer absoluten Toplage geködert hatte? Und als sie sicher gewesen war, dass Escher spurte und ihr Mann mit einem blauen Auge davonkommen würde, hatte sie eine Nachricht nach Südamerika geschickt, und Geldek hatte sich auf den Heimweg gemacht!

Escher erhob sich abrupt. «Wenn Sie das, was Sie sich da gerade in Ihrem schlauen Kopf zusammenreimen, aussprechen, muss ich Sie bitten zu gehen!»

«Das verstehe ich.» Toppe blieb sitzen. «Wissen Sie, Herr Escher, ich bin lernfähig. Ich werde meine Vermutungen erst aussprechen, wenn ich stichhaltige Beweise habe. Wo waren Sie am Mittwoch, dem 8. August, zwischen vierzehn und achtzehn Uhr?»

«War das der Tag, an dem Geldek getötet wurde?»

Toppe nickte knapp.

Escher schüttelte den Kopf. «Sie verdächtigen mich?

Was geht nur in Ihnen vor? Aber gut, vom 6. bis zum 8. August war ich auf einer Fachtagung in Heidelberg. Am Mittwoch bin ich gegen 23 Uhr wieder auf dem Düsseldorfer Hauptbahnhof eingetroffen, zusammen mit einem Kollegen übrigens. Ich gebe Ihnen gern Namen und Telefonnummer, dann können Sie ihn sofort anrufen.»

«Das ist nicht nötig, es reicht, wenn Sie mir das aufschreiben. Ich bin aber noch einer anderen Sache wegen hier. Ich möchte mit Ihnen über Alinas Entführung sprechen.»

Eschers Gesicht wurde grau. «Und ich möchte mit Sicherheit nicht darüber sprechen!»

Toppe beugte sich vor. «Herr Escher, ich habe mir die Akten wieder vorgenommen. Da sind so viele offene Fragen ...»

Escher schlug die Hände vors Gesicht. «Also werde ich jetzt wieder einmal verdächtigt, mein eigenes Mädchen entführt und vielleicht sogar getötet zu haben.»

«Nein, ich verdächtige Sie nicht.» Toppe sprach eindringlich. «Ich bin sicher, dass Sie mit der Entführung nichts zu tun hatten! Ich habe selbst eine kleine Tochter», fügte er hinzu, als Escher nicht antwortete.

Escher sah gequält auf. «Können Sie sich unser Leben vorstellen, seitdem Alina verschwunden ist? Benjamins Leben? Sie mussten meiner Frau das Kind aus dem Leib schneiden. Sie bekam keine Wehen, sie wollte das Kind nicht mehr, sie wollte Alina. Fast ein Jahr lang war sie danach in der Psychiatrie, Suizidgefahr, und bis heute hat sie trotz starker Medikamente Depressionen. Wenn es ganz schlimm ist, kommt meine Schwiegermutter aus Kleve und kümmert sich um Benny, weil Maren ihn dann überhaupt nicht wahrnimmt.» Er stand auf und ging zum Schrank. «Möchten Sie auch einen Whisky?»

«Ja, gern.»

«Sie haben also die Ermittlungen wieder aufgenommen.»

«Nicht offiziell.»

Mehr als eine Stunde lang redeten sie über Alina, den Tag ihres Verschwindens und über die Ermittlungen.

«Dieser Entführeranruf», meinte Toppe, «darüber bin ich gestolpert. Was gibt es für Möglichkeiten? Wäre Alina von Kinderhändlern verschleppt worden, hätten die nicht angerufen. Und wenn jemand durch die Entführung Ihres Kindes wirklich Geld von Ihnen erpressen wollte, wieso dann diese lächerlich niedrige Summe?»

«Die Soko hat Rache als Motiv zugrunde gelegt.»

«Ja, ich weiß», sagte Toppe. «Und die Soko hat gut gearbeitet. Sie hat über vierzig Leute überprüft, die einen Grund gehabt haben könnten, sich an Ihnen zu rächen. Ich hatte noch keine Zeit, mir die Ermittlungsakten im Einzelnen anzuschauen, aber das mache ich noch.»

«Ich kann mir nicht vorstellen, dass Sie da etwas Neues entdecken werden», antwortete Escher bedrückt.

«Vielleicht nicht, vielleicht muss ich erst einen neuen Ansatz finden ...»

«Einen anderen als Rache?»

«Ja, aber darüber muss ich noch nachdenken. Ich weiß, dass ich die ganze Zeit ein Puzzleteil vor der Nase habe, das nicht richtig passt, aber mein Blick gleitet immer noch darüber hinweg.»

Als Toppe ins Auto stieg, klebte ihm das Hemd am Rücken, er hatte bohrende Kopfschmerzen und unerträglichen Durst.

Er hielt an der Bahnhofskneipe, in der man offensichtlich seit den siebziger Jahren nichts verändert hatte, und setzte sich an den einzigen Tisch, der noch frei war.

Freitagabend – am Stammtisch in der Ecke wurde Skat gekloppt, die Theke war voll besetzt, der Wirt kam mit dem Zapfen kaum nach. Er bestellte sich ein Altbier und einen Doppelkorn, den er eigentlich nicht mochte, aber das hier war nicht die richtige Umgebung für Calvados oder Grappa.

Hier im Ort war er zur Schule gegangen. Er sah sich um, die Leute waren zum größten Teil in seinem Alter, aber keiner kam ihm bekannt vor, keiner schenkte ihm auch nur einen zweiten Blick.

«Dasselbe nochmal!»

Nun denn, er hatte selten rausgedurft. Seine Mutter mochte es nicht, wenn er mit den anderen auf der Straße spielte. «Da lernst du nur das Rüpeln.» Und er war brav gewesen, ein ganz braver Junge. Sein Vater war trotzdem gestorben.

Er kippte den nächsten Doppelkorn. Der wievielte war das gewesen?

Es wurde Zeit, nach Hause zu fahren. Nach Hause?

«Zahlen, bitte!» Er stemmte sich hoch, der Boden schwankte. Scheiße, er war völlig hinüber. Schwerfällig setzte er sich wieder hin, die Kellnerin kam, nahm seinen Deckel in die Hand und rechnete.

«Nein, warten Sie. Haben Sie auch Fremdenzimmer?»

«Wenn's sein muss.»

«Ich glaube schon. Ich fürchte, ich bin nicht mehr fahrtüchtig. Also dann, ein Einzelzimmer für heute Nacht.»

«Wir haben bloß Doppel.»

«Auch gut. Wo ist das Telefon?»

«Vorm Klo.»

«Danke, und bringen Sie mir nochmal dasselbe, jetzt ist es auch schon egal.»

Astrid meldete sich nach dem ersten Klingeln. «Wo steckst du denn? Und wieso hast du dein Handy nicht eingeschaltet?»

«Ui, das hab ich gar nicht gemerkt! Hör zu, Süße, ich komm heute nicht mehr zurück. Ich übernachte hier.»

«Helmut, was ist los? Du klingst, als wärst du schrecklich betrunken.»

«Na ja», meinte er kleinlaut. «Ich hab ein paar alte Freunde getroffen. Wir sitzen in einer Kneipe, haben viel zu erzählen, ganz gemütlich. Du bist doch nicht sauer? Ich komme morgen früh gleich zum Ponyhof. Muss doch sehen, wie toll meine Kleine reitet.»

Das nächste Bier trank er in einem Zug aus, aber es half nicht viel gegen den schalen Geschmack im Mund.

Am Tresen saß jetzt eine Frau und kippte einen Weinbrand. Sie war nicht mehr ganz jung, sah aber nicht schlecht aus mit dem hüftlangen Haar, das sie mit zwei roten Kämmen zurückgesteckt hatte. Vielleicht war die Bluse ein wenig zu eng und zu tief ausgeschnitten, der Rock ein bisschen zu kurz, aber sie hatte pralle Brüste und glatte, gebräunte Beine.

Sie musterte ihn, und er erwiderte sanft ihren Blick.

Sie ließ sich vom Wirt ihr Glas wieder auffüllen, rutschte vom Barhocker und kam zu ihm herüber. «Helmut? Helmut Toppe, bist du das wirklich?»

«Ja, bin ich, aber ...»

«Ich bin die Erika, weißt du nicht mehr? In der Schule war ich zwei Klassen unter dir. Und ich fand dich unheimlich süß, damals schon. Du warst so 'n ganz stiller, dunkler. Schrecklich romantisch!» Sie leckte sich die Lippen und heftete ihren Blick auf seinen Mund.

Toppe stellte irritiert fest, dass sein Körper reagierte, als sie sich jetzt dicht neben ihn setzte.

«Erzähl doch mal, was ist aus dir geworden? Wohin hat es dich verschlagen? Was machst du hier?»

«Ich wohne jetzt am Niederrhein, in Kleve.» Er spielte mit seinem Bierfilz. «Und ich bin bei der Kripo.»

«Du? Das gibt's ja wohl nicht! So ein richtig harter Bulle. Du bist doch nicht etwa bei der Mordkommission?»

«Genau da!»

«Huch, wie gruselig! Und ich hab immer gedacht, du würdest mal Dichter oder so was. Jetzt erzähl doch!»

Er redete irgendwas, wusste, dass er lahm klang, lahm und langweilig, und merkte, dass sein Blick immer wieder zu ihrem Ausschnitt schweifte.

Sie lächelte und legte ihm unterm Tisch die Hand auf den Oberschenkel. «Du ahnst gar nicht, was ich mir damals alles so ausgemalt habe. Wie du meine Träume beflügelt hast. Du weißt schon, schwüle, feuchte Jungmädchenträume, sehr feucht manchmal ...»

Toppe legte den Arm um ihre Taille und zog sie noch näher heran. Sie roch gut.

Mit einem leisen Lachen ließ sie ihre Hand ein Stück höher gleiten. «Soll ich sie dir erzählen, meine Träume?»

Er nickte und spürte, dass er alle Kontrolle verlor.

«Dann musst du mich aber erst ein bisschen in Fahrt bringen.»

Ihr Gesicht war auf einmal ganz nah. Er küsste sie. Ihre wilde Zunge schob sich sofort in seinen Mund und sie presste sich an ihn. Sie trug keinen BH.

Er küsste sie drängender und strich über ihre hart aufgerichteten Brustwarzen. Sie stöhnte auf, hielt ihn mit einer Hand zurück, während ihre andere intensiv mit seinem Schritt beschäftigt war.

«Nicht hier», flüsterte sie und rieb dabei höchst effektiv. «Hast du nicht eben ein Zimmer genommen?»

«Doch!» Wieder küsste er sie und fuhr ihr unter den Rock. Sie trug auch kein Höschen.

«Dann hol den Schlüssel. Ich geh schon mal vor. Warte!» Ihre Zunge flatterte über seine Zähne. «Beeil dich! Ich bin so scharf, dass es mir jetzt schon fast kommt.»

Vierzehn   Er hatte zweimal erbrochen, aber ihm war immer noch übel. Seine Kleider stanken nach billiger Absteige. So konnte er nicht auf dem Reiterhof erscheinen.

Also fuhr er zuerst in die Schröderstraße – das Haus war leer –, duschte, putzte die Zähne, rasierte sich und schaffte es, sich dabei nicht in die Augen zu sehen.

Astrid bemerkte seine Ankunft auf dem Hof nicht. Sie hockte, Katharina zwischen den Knien, auf dem Rasen vorm Kaspertheater und lachte ausgelassen. Der Mann neben ihr hatte seinen Arm locker um ihre Schultern drapiert. Ein Yuppietyp in T-Shirt und Leinenjackett. Sein langes Haar, das er zu einem Pferdeschwanz zusammengebunden hatte, war, bis auf eine schwarze Strähne über dem linken Auge, schlohweiß. Im Ohrläppchen funkelte ein Brillie.

Auch Katharina nahm ihren Vater nicht wahr. Sie hatte heiße Backen und vibrierte vor Aufregung und Grusel – das Krokodil hatte sich gerade auf die Bühne geschlichen –, und Astrid nahm sie ganz fest in die Arme.

Es war der Typ, der Toppe zuerst entdeckte. «Hej Assi, wenn mich nicht alles täuscht, kommt hier dein werter Lebensabschnittsgefährte.» Mit sportlichem Schwung kam er auf die Füße und tätschelte Toppe den Rücken. «Geht's gut? Jörg Hellinghaus, wir hatten noch nicht das Vergnügen. Ihre Freundin und ich kennen uns schon seit Ewigkeiten, quasi seitdem bei uns beiden die Säfte eingeschossen sind.» Er wieherte anzüglich.

Der Tag zog in einem einzigen Strudel von Bildern an Toppe vorbei: Pferde, Clowns, Kinder, Ponys, Hellinghaus, Zauberer, Clemens Böhmer, Katharina mit Niko, mit Zuckerwatte, mit einem Negerkuss auf der Nase, völlig überdreht.

Dazwischen Astrid: «Was ist bei Escher rausgekommen?» – «Noch nichts.»

Und er: «Was hat Eberhard gesagt?» – «Kein Wort.»

Abends dauerte es ewig, bis Katharina endlich eingeschlafen war.

«Ich weiß wirklich nicht, ob wir ihr das morgen nochmal antun sollen», meinte Toppe matt.

«Aber morgen ist doch das Turnier! Meine Eltern haben für die Kleinen ganz süße Preise gestiftet, und Katharina weiß das.»

«Schon gut.»

«Ist was mit dir?»

«Was soll denn sein?»

«Ich weiß nicht, du bist irgendwie komisch. War's denn schön mit deinen alten Freunden?»

«Ging so. Ich glaube, ich kann so was nicht mehr, ich hab immer noch einen Brummschädel. Ist was mit *dir*?»

«Wie kommst du darauf?»

«Mit dir und diesem Hellinghaus?»

«Um Himmels willen, nein!»

«Gut.»

Sie standen im Flur mit hängenden Armen.

Er war froh, als sie sagte: «Ich guck noch irgendwas Blödes im Fernsehen, und dann leg ich mich schlafen. Morgen wird's nochmal turbulent.»

«Ich gehe jetzt schon hoch, okay? Schlaf gut.»

Sie nickte.

Als Toppe sich in Eschers alte Fälle vertiefte, fiel alle Müdigkeit, alle Unruhe und Scham von ihm ab.

Langsam kristallisierte sich ein Muster heraus. Das milde Strafmaß, das Escher für Geldek gefordert hatte, fiel keineswegs aus dem Rahmen. Menschen wie Geldek, Macher, die etwas auf die Beine stellten, halbseiden oder nicht, kamen in der Regel gut bei ihm weg. Es waren die kleinen Verbrecher, die Schwachen, die in ihrem Leben nichts auf die Reihe bekamen, gegen die Escher offenbar eine heftige Abneigung hatte.

Toppe machte sich ein paar Notizen, blätterte um und spürte, wie sein Herzschlag ins Stolpern geriet.

Fahrig huschte sein Blick über die Seiten, dann stürmte er die Treppe hinunter ins Wohnzimmer und brüllte: «Wusstest du, dass dein Freund gesessen hat?»

Astrid blinzelte verwirrt. «Welcher Freund denn?»

«Dein lieber Clemens Böhmer!»

Sie schnappte empört nach Luft. «Er ist weder mein Freund noch mein Lieber, verdammt nochmal! Wieso überprüfst du den überhaupt?»

«Ich hab ihn nicht überprüft. Böhmer ist in den Alina-Akten. Er gehörte zum Kreis der Verdächtigen.»

«Was? Das kann doch nicht sein!»

«Oh doch!»

Sie setzte sich auf und schaltete den Fernseher aus. «Also gut, Clemens war im Knast. Und weshalb hat er gesessen? Hat er sich tatsächlich an kleine Mädchen rangemacht?»

«Nein, nichts in der Art.» Toppe merkte, dass sein Pulsschlag sich langsam wieder normalisierte. «Böhmer war wohl mal Teilhaber in einer Gebrauchtwagenfirma. Leider hatten die sich auf geklaute Autos spezialisiert.»

Astrid nahm sich eine Zigarette. «Und mit der Entführung kann Clemens ja wohl nichts zu tun gehabt haben, sonst liefe er heute nicht frei rum, oder? Also, was ist jetzt? Was erwartest du von mir? Soll ich Katharina von Clemens fern halten, bloß weil der irgendwann mal Mist gebaut hat?»

«Hältst du mich wirklich für so spießig?»

Sie zuckte die Achseln, und er knallte die Tür.

Aus dem Kühlschrank nahm er eine Flasche Wasser mit und setzte sich wieder an den Schreibtisch. Böhmer war ein Verlierer, wie er im Buche stand. Zwei Unternehmen hatte er nach kurzer Zeit in den Sand gesetzt. Finanziert hatte er die, indem er Hypotheken auf das Haus seiner Frau aufgenommen hatte, das sie von ihrer Großmutter geerbt hatte und das danach bis unters Dach verschuldet gewesen war. Schließlich hatte Böhmer sich in den Gebrauchtwagenhandel eines Bekannten eingekauft. Das Startkapital, 15 000 Mark, hatte er sich bei seinem Onkel geliehen.

Während des ganzen Prozesses hatte Böhmer beteuert, er hätte nicht die leiseste Ahnung gehabt, dass die meisten Autos ihrer Firma gestohlen gewesen wären.

Im Strafprozess, bei dem Dr. Stein als Staatsanwalt ermittelt hatte, war Böhmer mit neun Monaten Haft recht glimpflich davongekommen.

Im folgenden Zivilprozess war Escher zuständig gewesen, und der hatte eine Geldstrafe von 100 000 Mark gefordert.

Der Richter hatte ein milderes Urteil gefällt und das Strafmaß auf 60 000 Mark festgelegt.

An den Rand der Ermittlungsakte hatte Heinrichs mit Bleistift eine Rechnung gekritzelt:

$60\,000 \times 2 = 120\,000$.

$15\,000 \times 2 = 30\,000$.

$120\,000 + 30\,000 = 150\,000$

Böhmer hatte für die fragliche Zeit, in der Alina verschwunden war, ein Alibi gehabt. Angeblich war er in Uedem gewesen, um seine Frau, die sich, während er im Knast saß, von ihm getrennt hatte, zu überreden, wieder zu ihm zurückzukehren. Nicht nur sie, sondern auch ihr neuer Partner hatten das bestätigt.

Wenn das Alibi wasserdicht gewesen war, warum hatte Heinrichs sich dann noch – schriftlich – seine Gedanken gemacht?

Toppe gähnte. Mittlerweile verschwammen ihm die Buchstaben vor den Augen.

Clemens Böhmer lag in seiner Kammer über den Ställen und fand keinen Schlaf.

Sein Magen ballte sich vor Wut.

Der Knast war bestimmt nicht das Schlimmste gewesen, die paar Monate hatte er locker abgesessen, er brauchte ja wahrhaftig nicht viel. Aber die fette Geldstrafe, die ihm dieser gottverfluchte Staatsanwalt verschafft hatte, die brach ihm das Genick.

Wer gab einem schon anständige, gut bezahlte Arbeit, wenn das Gehalt gleich gepfändet wurde? Jetzt musste er sich hier als Obertrottel krumm legen, und alles, was ihm blieb, waren ein paar Kröten Taschengeld. Aber dieses gemeine Schwein hatte doch noch seine Rechnung gekriegt. Wenigstens das!

Jeder hatte irgendwo eine Stelle, wo man ihn packen konnte, wo man ihm richtig wehtun konnte, jeder.

Auch dieser windige Kotzbrocken Hellinghaus, der ihn heute vor allen Leuten, auch vor der Prinzessin, zusammengeschissen hatte, wegen nichts und wieder nichts.

Der sollte sich schon mal warm anziehen!

Böhmer drehte sich ächzend auf die Seite. Morgen konnten die ihm allemal gestohlen bleiben. Da war Kinderturnier, und Katharina würde den ganzen Tag um ihn sein. Und dass sein Engelchen den Hauptpreis kriegte, dafür würde er schon sorgen!

Am Montag schwieg Knut Eberhard sich immer noch beharrlich aus, und Toppe war klar, dass er ihn nicht viel länger würde festhalten können.

Also machten er, Astrid und Cox sich mal wieder auf die Suche nach der Tatwaffe, halbherzig zwar, aber keiner hatte eine bessere Idee.

Van Appeldorn hielt die Stellung im Büro, er hatte sich mit Freuden bereit erklärt, die überfälligen Berichte zu schreiben. Stattdessen schlossen Look und eine weiterer grüner Kollege sich ihnen an. Es war ein grauer Tag, der Morgennebel löste sich nur langsam auf, und später würde es sicher Regen geben.

«Also, wenn ich der Mörder wär», meinte Look, «ich hätt die Waffe in die Jauchekuhle geschmissen.»

«Hab ich auch schon gesagt.» Astrid zog sich mit angeekeltem Gesicht ein paar Spinnweben aus den Haaren.

«Und warum lasst ihr die dann nicht leer pumpen?»

Sie zuckte die Achseln. «Werden wir wohl noch, wenn wir sonst nichts finden.»

Grummelnd machte sich Look wieder an die Arbeit.

Cox hatte sein Listenformular auf einem Klemmbrett festgemacht und notierte die bereits durchsuchten Räume, die sichergestellten Gegenstände und deren genauen Fundort. Toppe kam aus dem Haus und schaute ihm über die Schulter. «Das Weib ist endlich schlafen gegangen», sagte er.

Frau Eberhard hatte Nachtschicht gehabt, aber statt sich ins Bett zu legen, hatte sie ihnen die ganze Zeit im Nacken gesessen. «Dann können wir uns jetzt die frühere Milchkammer neben der Küche vornehmen.»

Stirnrunzelnd betrachtete er die möglichen Tatwerkzeuge, die Cox penibel auf der Mauer neben dem Misthaufen aufgereiht hatte. Er nahm einen rostigen Griff in die Hand, vielleicht der Bügel eines Futtereimers. «Der ist doch viel zu schmal.» Er sah hoch, als van Appeldorns Auto über den Feldweg gerumpelt kam.

«Ich hab hier einen abgebrochenen, alten Krückstock!» Looks Gesicht tauchte am Hühnerstallfenster auf. «Geht der auch?»

«Immer nur her damit», rief Cox zurück.

Norbert van Appeldorn schlenderte heran, die Hände in den Hosentaschen.

«Ihr stinkt nach Schweineköttel.» Gemächlich ging er an den Exponaten auf der Mauer entlang. «Interessante Ausbeute.» Er guckte verschmitzt. «Ihr seid ja schön fleißig.»

«Verbindlichen Dank, du Blödmann! Und du würdest dir bestimmt keinen aus der Krone brechen, wenn du mithilfst», fuhr Astrid ihn an. «Nimm dir mal die Milchkammer vor.»

«Nö.»

«Also, hör mal!» Ihre Wangen färbten sich zornrot.

«Komm wieder runter von der Palme, Astrid. Wir haben die Tatwaffe. Da hinten steht sie!» Er zeigte zur Obstwiese.

Alle Köpfe flogen herum. Toppe schaltete als Erster. «Der Schafsbock?»

«Der Schafsbock! Das Ergebnis aus Düsseldorf ist eben gekommen. An Joostens Kleidung befinden sich neben Lehm, Gras und Tierkot ausschließlich Spuren von Schafshaaren und Schafsblut.»

Toppe wischte sich übers Gesicht. «Die Hörner! Keine Tritte, keine Schläge mit einem Gegenstand, sondern Stöße mit den Hörnern!»

«Genau, und die kleineren Verletzungen könnten von den Hufen stammen.»

«Ich werd verrückt», flüsterte Astrid benommen.

Cox drückte ihr sein Klemmbrett in die Hand und trabte los. «Wenn das so ist, muss ja wohl Blut dran kleben.» Er stieg über den Zaun.

«Nicht, Peter», rief Toppe, «der ist nicht angepflockt!»
Aber Cox marschierte unbeirrt weiter.

Bis auf ungefähr sechs Meter ließ der Bock ihn herankommen, dann schob er die Hörner vor und stürmte los. Cox stieß einen gurgelnden Laut aus, warf sich herum und gab Fersengeld. Sein teurer italienischer Hut flog ihm vom Kopf und segelte durch die Luft. Mit einem eindrucksvollen Sprung setzte Cox über den Zaun und hielt sich dann hechelnd die Seite.

Look lachte meckernd und fing sich einen bösen Blick von Toppe ein.

Der Schafsbock war in der Mitte der Wiese stehen geblieben und glotzte Cox hinterher. Dann senkte er den Kopf und fraß den Hut.

«Du verdammtes Mistvieh», brüllte Cox. «Das ist ein Borsalino!»

Toppe drehte sich schnell weg. «Ich rufe in der Zentrale an. Die sollen uns einen Tierarzt mit einer Betäubungsspritze herschicken.»

«Besser wäre wohl ein Narkosegewehr», meinte van Appeldorn.

«Völliger Quatsch! Das ist doch bloß ein Tier. Als wenn ich so einem blöden Schaf nicht beikomme», regte sich Look auf und stieß seinen Kollegen an. «Los, Willi.»

«Lassen Sie's lieber», warnte Toppe und ging zu seinem Auto. Aber er hatte die Tür noch nicht geöffnet, als ein Schuss ihn herumfahren ließ.

Look stand breitbeinig, die Pistole in den Händen, sein Kollege rieb sich den Hintern, der Bock lag niedergestreckt im Gras.

«Der hat uns angegriffen», wimmerte Willi.

«Eben.» Look klang zufrieden. Er steckte die Pistole ein. «Und da musste ich ihm leider eine plästern. Ihr könnt jetzt kommen.»

Astrid übernahm es, die hysterische Frau Eberhard, die mit nackten Füßen und im Schlafanzug aus dem Haus geschossen kam, aufzuklären und einigermaßen zu beruhigen.

An beiden Hörnern des Tieres klebte getrocknetes Blut, auch im Brustfell gab es dunkle Spuren.

Während sie auf van Gemmern warteten, sprachen sie kaum. Jeder von ihnen wusste, was diese Wendung zu bedeuten hatte.

«Werden Sie den Kadaver ins Labor bringen lassen?», fragte Toppe.

Van Gemmern sah ihn lange an. «Ich brauche euch hier eigentlich nicht mehr.»

Toppe nickte, er hatte sich so etwas gedacht. Vermutlich würde van Gemmern die Hörner hier gleich an Ort und Stelle abtrennen, und da wollte er gar nicht dabei sein.

«Mit Bonhoeffer setze ich mich selbst in Verbindung», fügte van Gemmern noch hinzu, dann war für ihn das Gespräch beendet.

Fünfzehn Tobias Joostens Tod war – so schwer sie auch daran schluckten – nichts als eine tragische Verquickung ungewöhnlicher Umstände gewesen, ein Unfall, der mit Geldeks Ermordung in keinem Zusammenhang stand.

Sie waren wieder am Anfang.

Cox hatte sofort wieder die Bögen mit Geldeks Namensabgleich verteilt, über denen sie schon vor zehn Tagen gebrütet hatten, und stand jetzt grübelnd vor seinem großen Diagramm.

Die anderen brauchten und nahmen sich Zeit, den Schlag zu verdauen. Es blieb lange still.

Dann stand Toppe plötzlich auf. «Eine Frage haben wir uns bisher noch nie gestellt», sagte er.

Van Appeldorn blickte gespannt hoch, er kannte den Tonfall.

«Ich meine, wir wissen, dass Geldek auf dem Oraniendeich verfolgt wurde. Aber die Frage ist doch, seit wann wurde er verfolgt? Vielleicht sollten wir uns davon lösen, dass die Tat etwas mit Geldeks Geschäften oder mit seiner Vergangenheit zu tun hat.» Er hielt inne, als wäre ihm gerade ein neuer Gedanke durch den Kopf geschossen, sprach dann aber weiter: «Geldek fährt ganz normal von zu Hause los, und auf dem Oraniendeich wird er plötzlich verfolgt, von einem Einheimischen vermutlich, der ihn dann unter der Rheinbrücke erschlägt, im Affekt, wohlgemerkt. Liegt es da nicht nahe, dass zwischen Geldeks Haus und dem Deich irgendetwas passiert sein muss, das zu der Verfolgung geführt hat?»

«In Griethausen, meinst du?», fragte Astrid. «Das ist der einzige Ort, der dazwischen liegt.»

«Möglicherweise.»

«Griethausen ist ein Kaff», gab van Appeldorn zu bedenken. «Wenn da etwas vorgefallen wäre, hätte sich bei dem ganzen Presserummel längst jemand bei uns gemeldet.»

«Nicht unbedingt», antwortete Toppe. «Es kann sich doch um einen vordergründig ganz banalen Vorfall gehandelt haben, der nur für den Verfolger von Bedeutung war.»

Van Appeldorn raffte seine Sachen zusammen. «Na, dann los! Ich fahre.»

Cox, der immer noch vor dem Diagramm stand, sperrte den Mund auf. «Das kann doch nicht euer Ernst sein! Wegen so einer plötzlichen Eingebung wollt ihr hier alles stehen und liegen lassen? Wir haben doch gerade eben erst beschlossen, dass wir das hier noch einmal durchackern. Ich sehe da etliche neue Ansatzpunkte.»

«Dann halt du hier die Stellung und arbeite dran», meinte van Appeldorn.

Auch Astrid stand auf. «Haus-zu-Haus-Befragung?»

Toppe nickte. «Zu dritt müsste das ganz fix gehen.»

«Aber, aber ...» Cox stammelte. «Das hat doch alles kein Hand und Fuß ...»

Griethausen, vor Jahrhunderten einmal ein Fischerort, war ein Städtchen am Altrhein, zum Fluss hin von einer behäbigen Mauer eingefasst, die Schutz vor den alljährlichen Hochwassern bot. Enge, gepflasterte Gassen ohne Bürgersteige, Häuser aus den verschiedensten Epochen, die sich dicht aneinander schmiegten.

Sie stellten den Wagen auf dem Parkplatz am Anglerheim ab und begannen ihre Befragung in der Oberstraße, der Straße, durch die Geldek auf alle Fälle gefahren sein musste.

Wie immer war es ein zeitraubendes, ermüdendes Unterfangen. Die Leute waren misstrauisch, manchmal dauerte es lange, bis sie kapiert hatten, dass da die Polizei vor ihnen stand und nicht etwa ein Vertreter, der ihnen was andrehen wollte. Die meisten konnten sich nicht erinnern, was sie am 8. August gemacht hatten und ob da was Ungewöhnliches geschehen war. Einige kannten Geldek, auch seinen silbernen Mercedes, aber wann sie den das letzte Mal gesehen hatten – keine Ahnung. Neulich war ein Traktor mit hoch beladenem Hänger in der Bahnunterführung stecken geblieben, in der Kneipe hatte es vor vierzehn Tagen eine Schlägerei gegeben, aber das war abends gewesen, nicht am Nachmittag, und die Frau Poorten hatte neuerdings einen Geliebten, der immer kam, wenn ihr Mann auf Nachtschicht war.

Als sie sich wieder am Auto trafen, um die nächste Straße untereinander aufzuteilen, entdeckte Astrid am Anglerheim ein schon leicht ausgefranstes Plakat: *Buntes Kinderfest am Mittwoch, dem 8. August, von 14 bis 17 Uhr – Tombola.*

Die Tür des niedrigen Gebäudes war verschlossen, aber

sie hörte drinnen jemanden sprechen und klopfte gegen die staubige Scheibe, die bedenklich klirrte.

Ein Mann kam, hob abweisend die Hände. «Wir haben zu», rief er mit übertriebenen Lippenbewegungen.

Astrid drückte ihren Ausweis gegen das Glas.

«Ob bei unserem Kinderfest was passiert ist? Nicht, dass ich wüsste. War eine Menge los. Aber warten Sie mal, ich meine, da wäre draußen irgendwann ein Kinderwagen umgekippt, mit dem Kind drin. Ist aber nichts passiert. Ich hab gehört, da soll ein Auto im Spiel gewesen sein, aber genau weiß ich das nicht. Nee, nee, gesehen haben wir das alle nicht. Wir waren ja noch mitten bei der Tombola. Wessen Kinderwagen das war? Der war von der jungen Frau Wächter. Die Kleine von der hat so geknötert, dass sie lieber nach Hause wollte. Die Frau Wächter? Die wohnt hier gleich um die Ecke im Mühlenweg.»

Sie klingelten schließlich an einem schmalbrüstigen, rosa getünchten Haus mit leicht angeschmuddelten Häkelgardinen.

«Frag erst, wer es ist, David!», hörten sie eine Frau. Dann ein Kinderstimmchen auf Höhe der Türklinke: «Wer ist da?»

Astrids Mund wurde weich, sie bückte sich. «Sag deiner Mami, hier ist die Polizei. Und wir würden gern mit ihr sprechen.»

«Ja.» Getrappel.

Schließlich öffnete ihnen eine junge Frau mit einem Säugling auf dem Arm, der Zeter und Mordio schrie.

«Ich bin gerade am Stillen ...» Sie raffte ihre Bluse zusammen.

«Wir kommen gern später noch einmal wieder», meinte Toppe rasch.

Frau Wächter überlegte kurz, dann lachte sie freundlich. «Ach was, wenn es Sie nicht stört, dass ich weiterstille. Kommen Sie mit durch.»

Im Wohnzimmer machte sie es sich in einem Sessel bequem und legte das Kind an, das sofort gierig trank, ab und an aber immer noch einmal aufschluchzte. Die Mutter strich ihm sanft über die Brauen. Dann weiteten sich plötzlich ihre Augen. «Polizei? Oh, mein Gott, es ist doch nichts passiert, oder? Ist was mit meinem Mann?»

David kam angeflitzt, stellte sich dicht neben den Sessel und klammerte sich an die Lehne.

«Nein, nein, es ist nichts passiert», beteuerte Astrid hastig und erklärte, warum sie gekommen waren.

Frau Wächter schauderte. «Es war ganz schrecklich! Ich bin früher gegangen, weil Nele die ganze Zeit gequengelt hat. Meine Nerven lagen ziemlich blank. Vielleicht hab ich nicht richtig aufgepasst, ich weiß nicht. Jedenfalls hab ich den Kinderwagen auf die Straße geschoben, an der anderen Hand hatte ich David. Das Auto hab ich nicht gesehen, auch nicht gehört. Auf einmal gab's einen Stoß, der Kinderwagen flog um und ich gleich mit. Und Nele kippte raus und rollte in den Rinnstein.»

«Was war das für ein Auto?», kam es kühl von van Appeldorn.

«Ich habe nur was Silbernes gesehen, es war mir auch völlig egal. Ich hab nur nach Nele geguckt, ob die sich was getan hat. Aber Gott sei Dank ging's ihr gut.» Man hörte immer noch die Erleichterung. «Nicht mal ein Kratzer.»

David ließ die Sessellehne los und verschränkte die Hände hinterm Rücken. «Ihr habt gar keine Mützen auf.»

«Nicht alle Polizisten müssen eine Uniform tragen», antwortete Toppe. «Wir sind von der Kriminalpolizei.»

David nickte weise. «Krinalpolizei», wiederholte er.

«Und du, David, hast du das Auto gesehen, das den Kinderwagen umgefahren hat?», fragte Astrid.

«Jaa ...»

«Welche Farbe hatte es denn?»

«Silber.»

«Und war da vielleicht noch ein anderes Auto?»

Wieder nickte David. «Da war noch ein kleines, das ist ganz schnell hinter dem großen hergefahren.»

«Toll», meinte Astrid anerkennend. «Wie alt bist du, David?»

«Wenn ich Geburtstag hab, bin ich fünf.»

«In drei Wochen», warf seine Mutter ein.

«Meine Güte, fünf Jahre alt, und du kannst schon der Polizei helfen!»

David strahlte zufrieden.

«Weißt du denn noch, welche Farbe das kleine Auto hatte?»

«Orange.»

«Hm ... und weißt du, was ein Nummernschild ist?»

David schaffte es, herablassend zu nicken. «Da stand *Kleve* drauf.»

«Fein! Und wie viele Leute saßen in dem Auto?»

«Weiß nicht.» Der Junge senkte den Blick.

Frau Wächter strubbelte ihm das Haar. «David mag Autos. Weißt du, welche Marke es war?»

«Nö.»

«Hatte es denn Rallyestreifen oder Aufkleber oder so was?»

«Nö, weiß nicht.»

Seine Mutter strich ihm wieder über den Kopf. «Na ja, du hast ja auch einen gehörigen Schrecken gekriegt ... Was hat es denn mit diesem Auto auf sich?», wollte sie wissen.

Toppe wich aus. «Zurzeit sind wir uns selbst noch nicht so ganz im Klaren darüber. Um wie viel Uhr ist der Unfall eigentlich passiert?»

«Ich weiß nicht genau, so drei, Viertel nach drei, vielleicht.»

«Das deckt sich mit dem, was der Pächter vom Anglerheim erzählt hat», bestätigte Astrid.

Reichlich frustriert fuhren sie zwei Stunden später nach Kleve zurück.

Davids Auto konnte nicht das Auto sein, das sie suchten, denn der Wagen von Geldeks Verfolger war, nach Aussage des holländischen Zeugen, auf keinen Fall orangefarben gewesen.

Andererseits war der Vorfall mit dem umgestürzten Kinderwagen das einzige spektakuläre Ereignis am Mittwoch, dem 8. August, in Griethausen gewesen, von dem sie erfahren hatten.

«Im Augenblick ergibt für mich nichts mehr einen Sinn», sagte Toppe. «Lasst uns Schluss machen für heute.»

Van Appeldorn lenkte den Wagen auf den Parkplatz. «Ich springe schnell noch hoch zu Peter. Wir sehen uns morgen.»

«Was stinkt denn hier so?»

«Duftbäumchen», antwortete Cox geistesabwesend.

«Hast du was?», fragte van Appeldorn.

«Ich weiß nicht genau ...» Cox sah von seinen Papieren auf, er wirkte seltsam betreten. «Und wie war's bei euch?»

«Ein Schuss in den Ofen.»

Cox nickte und hielt van Appeldorn einen Zettel hin. «Ich hab das hier gefunden, steckte zwischen den letzten Berichten.»

Es war Helmuts Handschrift: *Eschers Neubau – Nössling – Donsbrüggen – Naturschutzgebiet! Baugenehmigung???*

«Ich komme mir ein bisschen blöd vor, so als hätte ich in Helmuts Sachen rumgeschnüffelt», druckste Cox.

«Quatsch!»

«Na ja, jedenfalls bin ich der Sache nachgegangen und hab mit meinem neuen Freund beim Bauamt gesprochen.»

«Und?»

«Dieser Staatsanwalt Escher hat 1991, kurz bevor er den Prozess gegen Geldek übernommen hat, ein Einfamilienhaus in Donsbrüggen gebaut, und zwar tatsächlich in einem ausgewiesenen Naturschutzgebiet. Heute kann sich beim Bauamt angeblich keiner mehr erklären, wieso sie ihm damals die Baugenehmigung erteilt haben, war aber so. Das Interessante an der Geschichte ist, Eschers Hausbau ist von Geldeks Klever Unternehmen durchgeführt worden, und die Architektin war Martina Geldek!»

Van Appeldorn ließ sich auf seinen Stuhl fallen.

«Und da musste ich wieder an deinen Satz denken», fuhr Cox fort, «dass Escher bei Geldek auf der Lohnliste gestanden hat.»

«Das war eigentlich als Witz gemeint.»

«Kann sein, aber jetzt sieht es doch ganz danach aus. Ich verstehe bloß nicht, dass Helmut uns das nicht erzählt hat.»

«Ach, Helmut, der steht doch schon seit Wochen neben sich», murmelte van Appeldorn. «Trotzdem, wenn er einen Zusammenhang zum Mord an Geldek entdeckt hätte, wüssten wir das.»

«Das sag ich mir ja auch die ganze Zeit. Ich finde es bloß, ehrlich gesagt, nicht in Ordnung, dass er seine eigenen Ermittlungen führt.»

Van Appeldorn zuckte die Achseln. «Das macht er öfter. Ich hab mich daran gewöhnt. Gibt es eigentlich irgendeine Möglichkeit zu beweisen, dass Escher damals von der Geldek bestochen worden ist?»

«Wohl kaum.»

«Tja, dann würde ich sagen, wir machen für heute Feierabend. Und morgen soll uns Helmut mal erklären, was er eigentlich so treibt hinter unserem Rücken.» Mit spitzen Fingern hob er ein Plastiktütchen hoch, in dem ein pinkfarbener Papptannenbaum steckte, und rümpfte die Nase. «Was hast du mit diesem Zeug hier eigentlich vor?»

«Ist für mein Auto. Es riecht noch so neu, das kann ich nicht haben.»

«Und da brauchst du gleich zehn Stück? Dein Schlitten wird stinken wie ein rollender Puff.»

Cox nahm ihm das Bäumchen weg. «Ich hab mich noch nicht für eine Duftnote entscheiden können. Übrigens, Irina kommt.»

Van Appeldorn zog interessiert die Brauen hoch. «Tatsächlich? Dann würde ich mich an deiner Stelle für Birkenduft entscheiden. In Russland wachsen doch viele Birken, oder? Da fühlt sich deine Flamme gleich wie zu Hause.»

Cox betrachtete ihn missbilligend. «Du beziehst deine Informationen anscheinend nur aus irgendwelchen Kitschfilmen. Irina kommt aus Sibirien. Die natürlichen Vegetationszonen Sibiriens sind breitenparallel ausgeprägt als arktische Kaltwüste, Tundra, Waldtundra und Taiga. Die boreale Nadelwaldzone bedeckt rund 7 Millionen Quadratkilometer, und sie besteht bis zum Jenissej überwiegend aus Fichte, Tanne, Lärche, östlich davon aus Lärche, Zirbelkiefer, Föhre und Fichte.»

Van Appeldorn fing an, schallend zu lachen.

Katharina zappelte in ihrem Kindersitz herum und versuchte, sich das Malbuch und die Filzstifte zu angeln, die Opa ihr heute geschenkt hatte. «Ich will malen!»

«Nicht im Auto», beschied Astrid. «Außerdem sind wir in zwei Minuten zu Hause. Da kannst du dich an den Küchentisch setzen mit deinen Malsachen.»

«Wir müssen Zeitung drunterlegen, sonst wird der Tisch bekrickelt.»

«Stimmt genau!»

«Du darfst auch ein Bild ausmalen, Mama, und der Papa auch.»

Astrid kicherte. «Du bist aber großzügig heute.» Sie strich Toppe übers Knie. «Was sollen wir essen?»

«Ich will Pommes!», kam es von hinten.

Astrid drehte sich um. «Wie heißt das Zauberwort?»

«Ich will Pommes, bitte. Ich will bitte Pommes, bitte, mit bitte Mayo, bitte, und mit bitte Ketchup, bitte.»

«Gute Idee!» Astrid schaute Toppe an. «Ich hab heute nämlich überhaupt keine Lust zu kochen.»

Der feixte. «Schon gut, ich hole uns gleich welche, aber wie heißt das Zauberwort?»

Sie lehnte sich rüber und küsste ihn auf den Mundwinkel.

«Mama!», tadelte Katharina. «Das heißt, bitte, Papa, geh Pommes holen, bitte.»

Zu Hause angekommen, ging Toppe zuerst einmal nach oben in sein Zimmer. «Ich mache mich sofort auf den Weg. Ich will nur ganz kurz noch telefonieren. Ihr zwei könnt ja schon mal den Tisch decken.»

Katharina zog eine Schnute. «Ich will doch erst malen!»

«Dann los!» Astrid nahm eine Zeitung vom Stapel auf der Eckbank und breitete sie auf der Tischplatte aus. «Wir decken heute einfach nicht. Wir essen direkt aus dem Schälchen.»

«Das ist Ferkelei», befand Katharina.

«Nicht, wenn man Servietten hat.»

Toppe scharrte ungeduldig mit den Füßen. Erst nach dem siebten Klingeln nahm Escher ab.

«Haben Sie das Puzzleteil gefunden?»

«Möglich wär's.» Toppe musste trotz aller Anspannung schmunzeln. «Sehen Sie, die Soko hat sich damals im Ermittlungsverlauf hauptsächlich auf Fälle aus Ihrer Vergangenheit konzentriert und sich um die, die Sie gerade in Bearbeitung hatten, nicht mehr intensiver gekümmert.»

«Weil es da überhaupt nichts von Bedeutung gab, nichts, was irgendwie mit Alinas Entführung zu tun haben konnte.» Escher klang deutlich enttäuscht.

«Vielleicht stimmt das, aber es gibt auch eine andere Möglichkeit», entgegnete Toppe. «Was Ihnen und der Soko vordergründig banal vorgekommen sein mag, könnte für den Täter eine besondere Bedeutung gehabt haben. Und denken Sie noch einmal an das Motiv. Wenn es nicht Rache war, kann es nur Erpressung gewesen sein. Aber dabei kann es nicht um Geld gegangen sein, 150 000 Mark sind einfach zu wenig. Also wollte man etwas anderes von Ihnen. Sie sollten etwas tun oder vielleicht auch lassen. Was kann das gewesen sein? Etwas, was damals aktuell war. Denken Sie darüber mal in Ruhe nach!»

Escher schwieg.

«Man hat Sie seinerzeit vom Dienst suspendiert, nicht wahr?», fragte Toppe. «Wann genau war das?»

«Nach zwei Tagen schon, als Ihre Kollegen anfingen, mich in die Mangel zu nehmen.»

«Das passt», brummte Toppe zufrieden.

«Ich verstehe nicht ... Oder meinen Sie ...?»

«Den Anruf, ja. Ein einziger Anruf, weil Sie nämlich dem Täter nach Ihrer Suspendierung nichts mehr nützten oder ihm nicht mehr schaden konnten. Das wäre eine Erklärung. Haben Sie meine Handynummer? Rufen Sie an, wenn Ihnen etwas einfällt, egal wann.»

Katharina hatte die Zungenspitze in den Mundwinkel geschoben, wie immer, wenn sie sich konzentrierte, und kommentierte nuschelnd ihr Tun: «Die Wolken müssen blau ... und eine gelbe Sonne ... oh, über'n Rand gemalt! Ist nicht so sslimm, Mami?»

«Ist überhaupt nicht schlimm, das kann schon mal passieren.»

«Und das Haus mal' ich ganz orange, so!»

Astrid schaute ihr über die Schulter. «Das ist nicht orange, Liebchen. Das ist eher rosa.»

«Miederfarben», dachte sie und erstarrte.

«Was soll ich bei der Pommesbude holen?»

Sie zuckte zusammen, als Toppe plötzlich hinter ihr stand. Dann zögerte sie nicht länger. «Katharina, darf ich mir deinen Stift ausleihen? Danke!»

Schnappte sich ihre Handtasche und lief an Toppe vorbei. «Ist bestimmt eine Schnapsidee, aber ich muss trotzdem nochmal nach Griethausen.»

Draußen lief sie ihrer Nachbarin in die Arme, die gerade klingeln wollte, um Helmut und sie auf ein Bier einzuladen. Das war bereits der dritte Annäherungsversuch, und Astrid ärgerte sich, dass sie wieder einmal nicht zusagen konnte, denn die Frau war ihr sympathisch. Sie musste in ihrem Alter sein, hatte vier halbwüchsige Kinder, einen blinden Cockerspaniel und zwei Katzen. Es war ein Rätsel, wie die ganze Bande in dem kleinen Reihenhaus zurechtkam, aber es schien zu funktionieren, denn Astrid hatte die Nachbarin noch nie gestresst erlebt. Tagtäglich karrte sie auf ihrem Fahrrad zentnerweise Lebensmittel an und sang dabei Kunstlieder, sehr schräg und sehr laut. So war Astrid bereits in den Genuss der munteren «Forelle» und des herzigen «Veilchens» gekommen und natürlich des eines Rösleins ansichtig werdenden Knaben. Einen

Ehemann und Vater gab es auch, aber der schien nicht oft zu Hause zu sein. Er war eine ganze Stange älter und ein gutes Stück kleiner als seine Frau und hatte verschmitzte Augen.

Astrid versprach hoch und heilig, an ihrem nächsten freien Vormittag auf einen Kaffee zu kommen und dann einen gemeinsamen Kennenlerntermin abzusprechen.

«David schläft doch noch nicht, oder?»

«Ach wo, wir haben noch nicht einmal gegessen. Kommen Sie schnell, sonst brennen mir meine Speckläppchen an.»

Frau Wächter nahm Astrid mit in die Küche, wo es in einer Pfanne kräftig brutzelte, eine große Schüssel Kartoffelsalat stand auf dem Tisch.

«Ich habe David hochgeschickt, damit er sich schon mal seinen Schlafanzug anzieht. Wollen Sie ihn noch etwas fragen?»

«Ist nur so eine Idee», meinte Astrid zögernd. «Hätten Sie wohl mal ein Blatt Papier?»

«In der Schublade am Tisch.» Frau Wächter wendete mit ausgestreckten Armen die Fleischstücke, Fett spritzte auf. «Nehmen Sie sich einfach eins. Da bist du ja, David! Komm her, die Tante will dich noch was fragen. Setzen Sie sich doch!»

Astrid holte Katharinas Filzstift aus der Tasche, zeichnete ein miederfarbenes Quadrat aufs Papier und füllte es aus. «Weißt du, was das für eine Farbe ist, David?»

«Das ist Orange!»

«Okay, du hast mir doch von dem kleinen Auto erzählt,

das hinter dem großen silbernen hergefahren ist. Hatte das Auto diese Farbe?»

«Ja, genau so eine, Orange.»

Seine Mutter schüttelte lachend den Kopf. «Orange? Na, du bist mir vielleicht ein Held!»

Astrid wagte noch einen Schuss ins Blaue. «Kannst du vielleicht schon ein bisschen lesen, David?»

Der nickte stolz.

«Druckbuchstaben schreibt und liest er schon ganz gut», erklärte Frau Wächter.

Astrid lief ein Schauer über den Rücken. «Du hast mir doch erzählt, dass du das Nummernschild von dem orangefarbenen Auto gesehen hast. Meinst du, du könntest mir das aufmalen?»

«Mach ich.» Er kletterte auf den Küchenstuhl, kniete sich hin und sah Astrid auffordernd an. «Ich brauch aber Schwarz.»

«Ach klar, warte, ich hab einen Kuli.»

David malte langsam und sorgfältig: *KLE VE*. Dann legte er die Stirn in Falten. «Und ganz hinten war eine 5», sagte er. «Weil ich nämlich auch bald fünf bin.»

«Waren da noch mehr Zahlen drauf?»

«Nur eine, aber ich weiß nicht, welche.»

Astrid hätte den Kleinen am liebsten geküsst, aber das hätte ihm wohl kaum gefallen. Stattdessen drückte sie ihm die Hand. «Ich danke dir, David. Du bist wirklich großartig.»

Sie wischte sich die feuchten Handflächen an ihren Jeans ab und startete den Wagen. Mit diesen Angaben, würde es ein Leichtes sein, den Halter des Fahrzeuges im Computer zu finden. Allzu viele Autos mit *VE* und einer 5 im Kennzeichen konnte es nicht geben, schon gar nicht in dieser merkwürdigen Farbe. Wenn David nicht phantasiert hatte ... aber er schien ein eher nüchternes Kind zu sein.

Ein bisschen mehr Nüchternheit konnte ihr auch nichts schaden. Sollte sie Helmut anrufen? Nein, Peter hatte Rufbereitschaft, der konnte ihr helfen.

Sie atmete tief durch, um ihre flirrenden Nerven zu beruhigen, und griff zum Telefon.

«Du bist ein Teufelsbraten!», rief Cox begeistert.

Keine zehn Minuten hatten sie gebraucht.

KLE – VE 65, ein VW Golf GTI, Baujahr 88, Farbe: marsrot.

«Das erklärt's», sagte Cox. «Wer sich in den Achtzigern ein rotes Auto gekauft hat, war angeschmiert, besonders bei VW. Die Farbe ist schrecklich ausgeblichen, bis hin zu Schweinerosa.»

Der Halter des Wagens hieß Bastian Schönfelder, geboren am 11.4.74, wohnhaft in der Hagschen Straße. Astrid schaute auf die Hausnummer. «Das ist das Dreitürmehaus an der Linde. Wollen wir?»

Cox hob mit dramatischem Gesicht die Fäuste und drückte beide Daumen.

«Ziemlich schnieker Schuppen», meinte er, als sie wenig später ihr Auto auf dem Marktplatz abgestellt hatten und die Straße überquerten.

«Ja, billig sind die Wohnungen hier nicht. Es gibt sogar ein Penthouse, und das in Kleve!»

Schönfelder wohnte im ersten Stock.

Cox ließ seinen Finger lange auf dem Klingelknopf, aber nichts rührte sich.

«Ausgeflogen! Dann probieren wir's mal bei den Nachbarn.»

Der Türsummer, das Treppenhaus aus Sichtbeton mit rot lackierten Geländern, auch die Wohnungstüren waren rot.

Im ersten Stock erwartete sie ein magerer Mann mit Nickelbrille und miesepetrigem Blick. In seiner Wohnung lief der Fernseher, und es roch nach Räucherstäbchen und Pizza.

«Den Schönfelder habe ich schon länger nicht gesehen.»

«Wie lange?»

«Keine Ahnung.»

«Lebt der Mann allein?»

«Weiß nicht, glaub schon. Ich wohne erst seit zwei Monaten hier.»

«Irgendwelche Verwandte, Freunde, Bekannte, Nachbarn, mit denen er Kontakt hat, an die wir uns wenden könnten?»

«Nicht, dass ich wüsste. Aber ich glaube, der arbeitet im Kaufhof. Jedenfalls hab ich den ein paar Mal da gesehen.»

«Kann nicht irgendwas einfach mal klappen?», regte Astrid sich auf, als sie die Treppe wieder hinunterliefen. «Mir fällt zum Verrecken der Name des Geschäftsführers vom Kaufhof nicht ein.»

«Das wissen die in der Zentrale.» Cox hatte sein Handy schon am Ohr.

Er bekam die Privatnummer, aber beim Geschäftsführer meldete sich keiner.

Astrid hätte am liebsten laut gekreischt.

Cox gab sich gelassen. «Wann macht der Kaufhof auf? Um halb zehn? Fein, dann sind wir beide die Ersten, die bei denen morgen früh auf der Matte stehen.»

Astrid legte den Kopf in den Nacken und ließ die Schultern kreisen. «Ich bring dich zu deinem Auto, und dann fahre ich heim. Helmut wird sich sicher schon wundern, wo ich abgeblieben bin. Rufst du Norbert an und erzählst ihm, dass wir vielleicht etwas haben?» Sie stöhnte leise und drückte die Hände auf den Magen. «Meine Güte, ich komme um vor Hunger, das merk ich erst jetzt. Ich glaub, ich hol mir noch irgendwo was.»

Cox schaute tadelnd auf sie herab. «Ich versteh euch nicht, ihr esst wirklich zu den unmöglichsten Zeiten. So was kann man doch planen! Wenn ihr wüsstet, was ihr eurem Körper damit antut.»

Dazu hätte Astrid eine Menge sagen können, aber sie hielt den Mund.

Sechzehn   Sie wunderte sich, nirgendwo im Haus brannte Licht, dabei war es erst kurz nach neun. Leise ging sie die Treppe hinauf, um nach Katharina zu sehen. Ihre Kleine lag auf dem Rücken und schlief mit ausgebreiteten Armen. Sie trug immer noch das T-Shirt, das Astrid ihr heute Morgen angezogen hatte. Mund und Kinn trugen Spuren von angetrocknetem Ketchup. Helmut hatte sie nicht einmal gewaschen.

Auch er schlief.

«Helmut», rief sie leise und berührte ihn an der Schulter. Seine Lider flatterten kurz, dann wälzte er sich herum und fing an zu schnarchen.

Erst als sie in der Küche saß und das Döner, das sie unterwegs gekauft hatte, auspackte, merkte sie, dass sie weinte.

Van Appeldorn ließ das Telefon einfach klingeln.

Er war nach Hause gekommen, sie hatten sich ein bisschen gekabbelt und geneckt, er hatte sie wieder einmal gefragt, und da hatten Ullis Koboldaugen plötzlich angefangen zu funkeln. «Also gut», hatte sie gesagt, «das war jetzt dein dreizehnter Antrag, und ich war immer schon abergläubisch. Ich nehme ihn an. Lass uns, in Gottes Namen, heiraten!»

Er war fassungslos gewesen, noch nie hatte ihm das Herz in der Kehle geklopft.

Jetzt lagen sie zusammengekuschelt auf dem Sofa und machten Pläne, und er versuchte immer noch herauszufinden, was er fühlte. «Wir könnten ein Kind haben», sagte er unvermittelt. Ein geplantes Kind, eins, das sie beide wollten.

«Nein!» Ulli fuhr hoch. «Tut mir Leid», meinte sie dann ein wenig ruhiger. «Ich kann deine Frau sein, Norbert, so lange du es mit mir aushältst, aber ich kann kein Kind haben, ich kann keine Mutter sein. Ich bin kein gesunder Mensch mehr, von mir darf niemand abhängig sein.»

Van Appeldorn legte das Kinn auf ihr verstrubbeltes Haar und starrte ins Leere. «Vielleicht könnte genau das dich gesund machen ...»

«Du träumst!»

«Mag sein, aber das macht doch nichts, oder?» Er küsste sie. «Und du willst wirklich diesen ganzen Klimbim mit Kutsche und Kirche? Das passt überhaupt nicht zu dir.»

«Und mit einem Prinzessinnenkleid! Darauf bestehe ich. Wenn ich schon heirate, dann will ich es auch genau so haben, wie ich es mir als Mädchen vorgestellt hab.» Sie kicherte. «Jetzt kriegst du kalte Füße, was? Schau mir in die Augen, Kleiner. Das hier ist deine letzte Chance, noch einen Rückzieher zu machen.»

Der Mann mit dem fleischfarbenen Golf arbeitete tatsächlich im Kaufhof, aber er war seit dem 13. August im Urlaub.

Der Geschäftsführer schickte Astrid und Cox in die Herrenoberbekleidung im zweiten Stock, wo sie sich an den Abteilungsleiter Verweyen wenden sollten. Schweigend fuhren sie mit der Rolltreppe nach oben, Cox merkte, dass er Sodbrennen bekam.

Ein schmächtiger Mann von Anfang vierzig in dunkler Hose und einem Jackett mit Nehru-Kragen kam ihnen schon entgegengeeilt. «Sie müssen die Herrschaften von der Kripo sein! Folgen Sie mir doch bitte in mein Büro.» Beflissen wieselte er vor ihnen her.

«Stockschwul», raunte Cox.

«Was für ein dämliches Klischee», zischte Astrid zurück.

Bastian Schönfelder hatte ganz normal seinen Jahresurlaub genommen, für den er sich frühzeitig, schon im April, wie es in diesem Hause üblich war, eingetragen hatte.

Astrid warf Cox einen Blick zu. Waren sie schon wieder auf einer falschen Fährte?

Der Abteilungsleiter zupfte ein paar Flusen von seinem Hosenbein und berichtete dann bereitwillig. Schönfelder hatte schon seine Ausbildung in diesem Betrieb gemacht und war dann übernommen worden, weil er ein talentierter Verkäufer war. Der junge Mann sei freundlich und zurückhaltend, was besonders den älteren Kunden gefiel, aber seitdem er Witwer sei, manchmal schon fast ein wenig zu still.

Astrid rechnete. «Mit siebenundzwanzig Jahren schon Witwer?»

«Ja, traurig, nicht wahr? Seine Frau ist voriges Jahr gestorben.»

«Wissen Sie, ob und wohin Herr Schönfelder verreisen wollte?», fragte Cox.

«Nein, leider ...» Verweyen strich sich über seine makellose Frisur. «Er spricht nicht gern über Privates. Aber warten Sie, seine Eltern, die müssten Ihnen doch Auskunft geben können, denken Sie nicht? Wenn Sie mich einen Augenblick entschuldigen würden, ich glaube, das Ehepaar ist in unserer Kundenkartei.»

Er verschwand im Nebenraum und kam mit einem Zettel zurück. «Hier bitte, die Anschrift der Eltern.»

«Herzlichen Dank.» Astrid rang sich ein Lächeln ab. «Sagen Sie, ist Herr Schönfelder eigentlich besonders groß?»

«Doch, doch, er ist ein stattlicher Typ, ich schätze seine Größe auf 1 Meter 90.»

«Eine letzte Frage noch», meinte Cox. «Wo war Herr Schönfelder am Mittwoch, dem 8. August, nachmittags?»

Verweyen überlegte nicht lange. «Da müsste er eigentlich im Hause gewesen sein, es sei denn, er hatte eine Änderung auszuliefern. Wenn Sie sich noch einmal gedulden würden ...» Wieder verschwand er nach nebenan, diesmal brachte er eine dicke Kladde mit.

«Der 8. August ... ah, da haben wir ihn ja. An dem Tag hat Herr Schönfelder einen Anzug ausgeliefert. Der Termin war um 15 Uhr bei einem Herrn Schnieders, Wehrpöhl 39.»

Cox guckte fragend. «Wehrpöhl, wo ist das denn?»

«In Griethausen!» Astrid merkte erst jetzt, dass sie die Luft angehalten hatte. «Ist Herr Schönfelder nach der Auslieferung hierher zurückgekommen?»

«Ja, natürlich, wir haben bis 18.30 Uhr geöffnet.»

«War er irgendwie verändert?»

«Wie bitte?» Verweyen sah sie ratlos an. «Nein, eigentlich nicht, ich meine, ich erinnere mich nicht an diesen konkreten Tag, aber ich habe in den letzten Monaten keinerlei Veränderung bei Herrn Schönfelder registriert.»

«Trug er vielleicht einen Rollkragenpullover?»

«Im August?», fragte der Abteilungsleiter verblüfft. «Nein, das wäre völlig indiskutabel. Wir legen hier sehr viel Wert auf korrekte Kleidung, wie Sie sich denken können. Aber Herr Schönfelder trägt gern schon mal ein legeres Seidentüchlein statt des klassischen Binders. Und das begrüßen wir natürlich.»

Unterdessen saß Helmut Toppe bei der Staatsanwaltschaft.

Dr. Stein hatte ihn angerufen: «Mein früherer Kollege Escher sitzt hier bei mir, und wir haben möglicherweise etwas Interessantes entdeckt. Hätten Sie Zeit, zu uns zu stoßen?»

Stein war passionierter Teetrinker und ließ ihnen, bevor er zur Sache kam, von seiner Sekretärin erst einmal eine Kanne Earl Grey und eine Schale Madeleines bringen.

Genüsslich schnupperte er an seiner Tasse und schaute dann Toppe zerknirscht über den Rand hinweg an. «Ich muss mich bei Ihnen entschuldigen. Am Telefon letztens war ich nicht gerade freundlich. Aber ich hatte den Eindruck, Sie wollten meinem Kollegen korruptes Verhalten unterstellen, und Gernot ist einer der integersten Menschen, die ich kenne. Ich hoffe, Sie verzeihen mir meinen rüden Ton, ich hätte Sie eigentlich besser kennen müssen.»

«Ist schon in Ordnung.» Toppe entspannte sich.

Escher nahm sich einen von den kleinen Kuchen und stippte ihn in seinen Tee. Heute wirkte er beinahe heiter.

«Ich habe lange über Ihre Idee nachgedacht, es könne sich um Erpressung gehandelt haben, bei der es allerdings gar nicht um Geld ging, und ich muss sagen, sie leuchtet mir ein. Deshalb bin ich gestern nach Kleve gekommen, um noch einmal meine damals aktuellen Verfahren durchzugehen. Dr. Stein hat mir liebenswerterweise dabei geholfen, aber wir sind beide zu demselben Ergebnis gekommen wie seinerzeit auch die Soko: Es gab nichts Verdächtiges.»

Stein stellte seine Tasse ab. «Dann ist mir allerdings etwas eingefallen. Gernot hat 1997 nicht nur seine eigenen Fälle bearbeitet, er war als Oberstaatsanwalt auch zuständig für die Zuteilung von Verfahren, das heißt, er entschied, welcher Kollege welchen Fall übernehmen sollte. Und damals hatten wir eine ganz große Sache auf dem Tisch.» Er schaute Escher fragend an.

«Mach ruhig weiter», sagte der.

Stein machte das alles offensichtlich Freude. «Da gab es, und vermutlich gibt es den leider immer noch, einen Ring von kroatischen Menschenhändlern, der junge Frauen aus dem Ostblock, vor allem aus Rumänien und Bulgarien, an Bordelle am unteren Niederrhein verkauft hat. Der vermeintliche Drahtzieher war ein Herr Vuckovic, der in Moers-Kapellen lebt. Aufgeflogen ist die Geschichte durch einen gewitzten Standesbeamten in Kleve, dem aufgefallen war, dass er ungewöhnlich viele Eheschließungen hatte zwischen deutschen Männern und Damen aus dem Ostblock, die kein Wort Deutsch sprachen. Der Verdacht der Scheinehe lag also auf der Hand. Ein äußerst tüchtiger Kollege von Ihnen aus Wesel hat für uns die Sache wasserdicht gemacht, sodass wir den ehrenwerten Herrn Vuckovic am Wickel hatten. Dessen Anwalt, ein ziemlicher Hochkaräter, würde ich sagen, hat von Anfang an darauf bestanden, den Fall in Moers zur Verhandlung zu bringen, sodass wir den Eindruck hatten ...» Stein grinste. «Drücken wir es mal so aus, dass der ein oder andere Moerser Kollege von der Bande nicht ganz unbeeinflusst war. Gernot hat natürlich mit allen Mitteln versucht, den Fall in Kleve zu behalten.»

Toppe holte seine Zigaretten aus der Tasche. «Darf ich?»

«Aber immer!» Stein schob ihm einen Zinnaschenbecher hinüber.

«Kann ich mir eine bei Ihnen schnorren?», fragte Escher. «Danke! Interessant ist übrigens: Der Fall ist später tatsächlich nach Moers gegangen und bis heute nicht zur Verhandlung gekommen.»

Toppe stutzte. «Aber wieso haben Sie ihn doch noch abgegeben?»

«Das geht auf meine Kappe», gab Stein zu. «Wir hatten zu wenig Leute. Gernot ist zwei Tage nach Alinas Verschwinden vom Dienst suspendiert worden, zwei weitere Kollegen waren krank, und wir hatten die Entführung. Wir hatten einfach nicht die Möglichkeit, ein so großes Verfahren ordentlich zu bearbeiten.»

«Und wann haben Sie den Fall abgegeben?», fragte Toppe.

«Vierzehn Tage nach Gernots Suspendierung.»

«Da lief die Rufmordkampagne in der Zeitung schon», meinte Toppe nachdenklich. «Es passt alles zusammen. Der Entführer ruft an, verlangt Geld, denn es soll wie eine echte Entführung aussehen. In Wirklichkeit will der Mann, dass Herr Escher den Fall nach Moers abgibt, weil die Bande dort einen Staatsanwalt gekauft hat. Nach zwei Tagen wird Herr Escher suspendiert und ist damit nicht mehr für die Verteilung der Verfahren zuständig, und als dieses Schmierentheater in der Presse losgeht, dürfte denen klar gewesen sein, dass er auch nicht mehr ans Gericht in Kleve zurückkehren würde.»

«So haben wir uns das auch gedacht», bestätigte Stein. «Es war sinnlos geworden, Gernot zu erpressen, deshalb kamen keine weiteren Anrufe. Ich könnte mir vorstellen, dass sie als Nächstes mich in die Mangel genommen hätten, aber anscheinend haben die nicht so schnell herausgefunden, dass ich Gernots Aufgabe übernommen hatte.»

«Und dann kam denen der Zufall zu Hilfe, Ihr personeller Engpass nämlich», schloss Toppe.

«Es gibt bei unserer schönen Konstruktion nur zwei Probleme», wandte Escher mit rauer Stimme ein. «Erstens, wenn ich für diese Kerle nicht mehr interessant war, wieso haben die dann unser Kind nach drei Tagen nicht einfach freigelassen?»

Unbehagliches Schweigen machte sich breit.

«Und zweitens, in den gesamten Unterlagen zum Frauenhandel taucht kein Deutscher auf, und der Anrufer hat Hochdeutsch gesprochen, ohne jeglichen Akzent.»

Toppe sah ihm in die Augen. «Beide Probleme werden wir lösen.»

Stein lachte leise. «Das schätze ich so an Ihnen, Herr Toppe. Ich wünschte wirklich, Sie hätten in der Soko gesessen, vielleicht wäre die Sache dann anders gelaufen.»

Toppe winkte verlegen ab. «Kann ich die Unterlagen mitnehmen?»

«Ich bitte darum! Wir haben die vollständige Akte in Moers angefordert. Sobald die kommt, schicke ich sie Ihnen per Kurier.»

Das Ehepaar Schönfelder wohnte im ersten Stock eines Vierfamilienhauses in Rindern. Der Mann war nicht zu Hause, er arbeitete als Maler und Lackierer. Frau Schönfelder war ein wenig pummelig, hatte einen blonden Pagenkopf, und ihr rundes Gesicht verriet, dass sie normalerweise gern lachte. Jetzt sah sie ein bisschen erschrocken aus, wie die meisten Leute, wenn unerwartet die Kripo bei ihnen auftauchte.

Die Wohnung erinnerte an eine Puppenstube, zierliche Möbel, bestickte Deckchen, Seidenblumen und jede Menge bunter Nippes.

Frau Schönfelder bat Cox und Astrid ins Wohnzimmer. Dort plätscherte auf einem Schränkchen ein Zimmerbrunnen munter vor sich hin, die Balkontür stand offen und gab den Blick frei auf die große Kastanie vor dem Haus. Die Frau hatte anscheinend gerade gebügelt, zwei Wäschekörbe standen neben dem Bügelbrett, an dem barocken Rahmen eines Stilllebens hingen auf Kleiderbügeln drei makellos glatte Oberhemden. Der Fernseher war auf einen Kaufkanal eingestellt.

Schönfelders Mutter schaltete das Gerät aus, setzte sich, nachdem Astrid und Cox auf dem Sofa Platz genommen hatten, auf die Sesselkante und faltete die Hände im Schoß.

«Ich weiß nicht, wohin unser Bastian gefahren ist.» Es war ihr sichtlich unangenehm. «Er hat angerufen und gesagt, er ist drei Wochen weg, und ob ich die Blumen gießen würde. Dabei sind die doch längst alle vertrocknet.»

Als sie aufschaute, hatte sie Tränen in den Augen. «Wir haben nicht mehr viel Kontakt seit ... seit dieser schrecklichen Geschichte. Warum suchen Sie meinen Sohn denn?»

«Er könnte uns vielleicht bei einer Ermittlung helfen», antwortete Cox ausweichend.

Frau Schönfelder musterte ihn. Erst jetzt schien ihr der cremefarbene Anzug mit der geblümten Weste aufzufallen, besonders staunte sie über den breitkrempigen Strohhut, den er auf dem Schoß hielt.

«Sie sprachen von einer schrecklichen Geschichte», hakte Astrid nach. «Was meinten Sie denn damit?»

«Mein Sohn hat im vorigen Jahr seine Frau und seinen kleinen Sohn verloren. Es war furchtbar, ganz schrecklich. Bastian und Saskia waren schon in der Schulzeit ein Paar, sie haben zusammen mittlere Reife gemacht. Unser Junge war immer sehr strebsam. Ich weiß gar nicht, auf wen der kommt.»

1997 hatten die beiden geheiratet, und als anderthalb Jahre später das Kind geboren wurde, hatte Saskia ihre Arbeit bei der Kreisverwaltung aufgegeben, um ganz für die Familie da zu sein. Im letzten Sommer hatten sie Urlaub in Holland gemacht, in Renesse. Und bei einem Spaziergang hatte ein Auto Saskia mitsamt dem Kinderwagen überfahren. Frau und Kind waren auf der Stelle tot gewesen, der Fahrer war geflüchtet.

«Und unser Bastian hat das alles mit ansehen müssen und nichts tun können.»

«Mein Gott, wie grausam!», entfuhr es Astrid. «Es tut mir so Leid.»

Die Mutter nickte. «Und seitdem ist er einfach nicht mehr der Alte.» Sie schluckte tapfer die Tränen hinunter. «Nein, das stimmt eigentlich gar nicht», verbesserte sie sich. «Irgendwie tut der so, als wäre gar nichts passiert. Es gruselt einen richtig. Ich hab ihn nicht ein einziges Mal weinen sehen, und er hat nach dem Unfall nicht einen Tag auf der Arbeit gefehlt. Die Polizei hat ihm gesagt, er soll als Nebenkläger auftreten – man hat den Kerl, der sie totgefahren hat, nämlich doch noch erwischt –, wollte er aber nicht. Er ist nicht mal zur Gerichtsverhandlung gegangen. Und zu uns kommt er auch nicht mehr. Dabei hatten wir früher viel Kontakt. Aber seitdem? Nichts! Ganze zweimal war er bei uns, an Weihnachten und jetzt im Juli, wie mein Mann Geburtstag hatte. Und da hat er über, ich weiß nicht, übers Wetter gesprochen und solche Sachen. Ich bin öfters bei ihm gewesen und hab gedrängelt: Jung, du musst zum Doktor, du musst zu einem, der dir helfen kann, aber da hat er nie was drauf gesagt. Ich weiß nicht, was ich noch machen soll. Die Freunde, die die zwei hatten, die kriegen ihn auch nicht mehr zu Gesicht.»

Ein gewaltiges Gewitter braute sich zusammen, der Himmel, bleigrau, drückte auf die Erde, dass das Atmen schwer wurde. Die Fenster im Büro waren weit geöffnet, aber das brachte keine Erleichterung, nichts regte sich. Die ersten fernen Blitze, es roch nach Schwefel.

«Dann war es doch der Kinderwagen», sagte van Appeldorn in die knisternde Stille hinein.

Toppe drehte sich vom Fenster weg zu ihm um.

«Den Kinderwagen in Griethausen, meine ich. So wie seine Mutter Bastian Schönfelder beschreibt, ist dieser Mann schwer traumatisiert.»

Astrid stimmte ihm zu. «Ich finde es ganz schrecklich, aber genau verstehen tu ich es nicht. Schönfelder wird zufällig Zeuge, wie Geldek Frau Wächter und ihr Baby in Griethausen fast über den Haufen fährt. Er dreht durch, verfolgt Geldek und erschlägt ihn. Aus Rache, oder was? Stellvertretend für den Mann, der Saskia und seinen Sohn auf dem Gewissen hat?»

«Nein, so simpel ist das nicht», antwortete van Appeldorn. «Für Traumata bin ich mittlerweile ja quasi Experte.» Es klang nicht bitter, eher ein wenig entschuldigend. «Wenn Schönfelder die Szene in Griethausen erlebt, dann ist er plötzlich wieder in Renesse. Sein Erlebnis dort überlagert die Realität. Beides ist für ihn deckungsgleich. Und das kann er nicht kontrollieren. Er handelt so, wie er in Renesse handeln wollte. Vor ihm steht nicht Geldek, sondern der Mann, der seine Familie auf dem Gewissen hat.»

«Die arme Sau», murmelte Cox. «Was für ein bekloppter Zufall! Ich meine, wie groß ist die Wahrscheinlichkeit, dass man in seinem Leben auch nur einmal live dabei ist, wenn eine Frau mit Kinderwagen von einem Auto angefahren wird? Die tendiert doch gegen null!»

Der erste Donner ließ alle zusammenfahren. Eine bedrohliche Windbö brachte die Fensterflügel zum Schlagen, aber noch fiel kein Tropfen, die Luft war sirupdick.

Astrid zog die Schultern zusammen und rubbelte sich die Oberarme. «Ich mach die Fenster zu.»

«Nein.» Van Appeldorn hielt sie zurück. «Warte, bis es regnet, damit wir endlich ein bisschen Luft kriegen.»

«Aber mir ist unheimlich.»

Toppe stellte sich hinter sie und legte ihr die Hände auf die Schultern. «Wir müssen Schönfelder finden.»

Van Appeldorn rollte seinen Stuhl an den Computer. «Gut, geben wir ihn in die Fahndung. International wohl, wenn er in Urlaub gefahren ist.»

«Ach, komm», meinte Cox. «Urlaub! Der ist abgetaucht.»

«Das glaub ich nicht», erwiderte van Appeldorn. «Der hat keine Angst, geschnappt zu werden, weil er sich nicht schuldig fühlt. Für den sind beide Ereignisse ein und dasselbe. Ich bin mir nicht sicher, aber ich könnte mir vorstellen, er weiß gar nicht, was er getan hat, und wenn, dann ist es ihm völlig egal.»

Blitz und Donner kamen gleichzeitig, und endlich ließ der Himmel los. Es schüttete von nichts auf gleich mit solcher Wucht, dass die Regentropfen von den Fensterbänken bis auf die Schreibtische spritzten.

Schließlich war es Cox, der die Fenster schloss. «Bevor wir Schönfelder in die Fahndung geben, könnten wir noch eines probieren.» Er musste laut sprechen, denn es krachte und knallte ohne Unterlass. «Hier!» Er hielt einen Ring mit drei Schlüsseln hoch. «Hat mir die Mutter gegeben. Vielleicht finden wir in Schönfelders Wohnung einen Hinweis darauf, wo er jetzt steckt.»

Siebzehn   In der Wohnung war es stickig, und es roch nach Toilettenreiniger.

Sie streiften Latexhandschuhe über und öffneten erst einmal alle Fenster, es nieselte nur noch.

Die kleine Küche war blank geputzt. Die Kühlschranktür stand offen, das Gerät war abgeschaltet und leer geräumt. Auch im Wohnzimmer sah es ordentlich aus, auf dem marineblauen Teppichboden erkannte man noch die Spuren des Staubsaugers.

Es gab eine Schrankwand, in der ein paar Fotoalben standen und eine Sammlung kleiner Glastiere. Kein einziges Buch, stellte Toppe fest und öffnete die Schubladen. Ein buntes Sammelsurium von Prospekten, Kinokarten, Minzbonbons, Einwegfeuerzeugen und Heftpflaster in der einen, eine Geldkassette, Büroklammern, Stifte, Schere, Klebstoff und irgendwelche Schnipsel in der anderen. In einem beleuchteten Barfach stand eine einsame Flasche Kokoslikör.

Auf dem Couchtisch lagen, gerade ausgerichtet in einer Reihe, ein paar Zeitschriften, *Stern, Gala, Für Sie* und *Freundin*. Astrid sah sie sich genauer an. «Die sind alle von vor vierzehn Tagen.»

Neben dem Fenster hingen zwei gerahmte Fotografien, beides Studioaufnahmen. Das Hochzeitsfoto: Ein großer, athletisch gebauter Mann mit blondem Haar und auffallend blauen Augen lächelte ein wenig linkisch in die Kamera, die Braut im weißen Spitzenkleid mit Reifrock reichte ihm nicht einmal bis zur Schulter. Auf dem anderen Bild saßen die beiden dicht nebeneinander und blickten andächtig auf das Baby im Taufkleid, das die junge Frau im Arm hielt.

Alles in diesem Raum blitzte vor Sauberkeit, nur der Videorecorder und die Kassetten auf dem Bord darüber waren mit einer dicken Staubschicht überzogen.

Im Schlafzimmer stand ein Doppelbett mit zwei Kopfkissen und zwei Decken, offensichtlich frisch bezogen, die Wäsche duftete nach Weichspüler. Die Nachttischlampe auf der linken Bettseite war mit einem rosa Chiffontuch verhängt. Gegenüber vom Bett ein verspiegelter Kleiderschrank, obendrauf ein roter Nylonkoffer, in der Lücke zwischen Schrank und Wand zwei leere Windelkartons.

Die letzte Tür, die sie öffneten, führte in ein himmelblaues Kinderreich. Wolkentapeten, Teddybären, wohin man schaute, auf den Vorhängen, der Bettwäsche, der Wickelauflage. Im Gitterbettchen tummelten sich Kuscheltiere, eine Spieluhr baumelte über dem Kopfende. Auch hier nirgendwo ein Stäubchen.

Cox betrachtete die Pflanzen auf der Fensterbank, die blattlos, genau wie die im Wohnzimmer und in der Küche, in trockener, rissiger Erde steckten.

«Manchmal hasse ich unseren Job aus tiefstem Herzen.»

Astrid hatte die Schubladen der Wickelkommode aufgezogen und strich leise über die Kleidungsstücke. «Größe 68», murmelte sie. «Mein Gott, der war noch so klein!»

Cox wandte sich um. «Ich nehm mir das Bad vor.» Es klang schroff.

Van Appeldorn ging ins Schlafzimmer, und Toppe verschwand in der Küche.

Sie brauchten nicht einmal zwanzig Minuten.

«In der einen Hälfte vom Kleiderschrank hängt nur Frauenkleidung», berichtete van Appeldorn. «Ich habe sämtliche Hosen-, Jacken- und Manteltaschen durchgesehen, aber nichts, nicht einmal ein Kassenbon. Der Koffer auf dem Schrank ist leer. In den Nachttischen liegen ein paar Duftkerzen und ein Taschenbuch, *The Joy of Sex*, das ist alles.»

Toppe hatte sich durch einen dicken Stapel Altpapier gearbeitet, dabei aber nur Tageszeitungen, Anzeigenblätter und Werbebroschüren gefunden.

«Im Badezimmer stehen lauter Kosmetika rum, Enthaarungscreme, Parfums und so», sagte Cox. «Und über der Heizung hängt ein Babybadetuch.» Er hielt ihnen einen Plastikbeutel hin. «Ich habe einen Kamm gefunden, in dem ein paar Haare steckten. Die meisten davon haben Wurzeln. Die dürften reichen für eine DNA-Analyse.»

«Tja», meinte van Appeldorn. «Es bleibt eigentlich nur noch das Zeug im Wohnzimmerschrank. Das haben wir nicht gründlich durchgeschaut.»

«Warte!» Cox holte die beiden Windelkartons aus dem Schlafzimmer. «Das passt alles hier rein, ist ja wenig genug. Im Büro gucken wir's dann in Ruhe durch.»

Er wollte nur noch raus aus diesen gespenstischen Räumen.

Als sie die Kisten im Kofferraum verstauten, fiel es ihm

wieder ein: «Zu Schönfelders Wohnung gehört ein Keller.» Er blinzelte, um die verblasste Schrift auf dem Schlüsselanhänger entziffern zu können: *Keller 10 für Wohnungen 3 und 4.*

Viel gab es nicht in dem kahlen Raum. An der einen Seite eine männliche Schaufensterpuppe, der beide Hände fehlten, ein Kleiderständer auf Rollen, ein Wäschekorb voll alter Schulbücher und Hefte, ein nagelneues Dreirad, an der gegenüberliegenden Wand ein brauner Karton, der offenbar zum größten Teil Fotos enthielt.

Wäschekorb und Karton nahmen sie mit. Auf der Rückfahrt sprachen sie kein Wort.

Astrid ging nicht mit ins Büro. «Ich muss Katharina abholen, sie ist auf dem Ponyhof.»

«Was?» Toppe blieb stehen.

«Ja, meine Eltern haben sie hingebracht, aber sie konnten nicht die ganze Zeit bleiben.»

«Wie bitte?» Er wurde kreidebleich. «Willst du mir erzählen, dass Katharina mutterseelenallein auf diesem Hof ist?»

«Himmel, natürlich nicht! Clemens passt auf sie auf, bis ich komme.»

«Bist du komplett verrückt geworden?», schrie er. «Bist du blind? Hast du nicht gesehen, wie dieser Kerl unser Kind immer anguckt? Der ist krank!» Er schob sie rüde beiseite und rannte zu seinem Auto.

Astrid war schwindelig. «Jetzt dreht er komplett durch.»

Sie sah Cox und van Appeldorn an, voller Verzweiflung. Beide legten ihr gleichzeitig die Hand auf die Schulter. «Mach Feierabend für heute», raunte Cox.

Astrid schüttelte wie betäubt den Kopf.
Van Appeldorn stieß sie an. «Jetzt hau schon ab!»
Sie ging.

Toppe merkte nicht, dass er zu schnell fuhr, er hatte viel zu viel damit zu tun, die Bilder, die ihn überfielen, zu sortieren: Alina Escher, wie sie zerschmettert und blutend in einer Grube lag, ihr offener Blick auf dem Foto auf seinem Schreibtisch, Eschers gequältes Gesicht, immer noch nach all den Jahren, Katharinas Kirschenaugen, voller Freude und Vertrauen, und Böhmer, der sich mürrisch gab, wenn man ihn beobachtete, der völlig dahinschmolz, wenn Katharina zu ihm getrippelt kam. Er hatte sie Engelchen genannt und Prinzessin, wenn er dachte, keiner hörte ihn.

Die Einmündung zum Reiterhof nahm Toppe so schnell, dass das Heck des Wagens ausbrach und am Torpfosten entlangschrabte. Er achtete nicht darauf, bremste erst am Stallgebäude ab und stieß die Fahrertür auf.

Katharina schrie.

Sein Herz setzte aus, er stürmte um die Ecke.

«Nehmen Sie Ihre dreckigen Finger von meinem Kind! Sofort!»

Wieder schrie Katharina vor Wonne, denn Böhmer wirbelte sie im Kreis herum, dass ihr Haar nur so flog.

«Nochmal», jubelte sie.

Aber Böhmer hielt erschrocken inne, sein Lachen war weggewischt.

Toppe packte ihn am Arm und schüttelte ihn.

Katharina purzelte zu Boden und fing an zu weinen.

Astrid nahm Toppe die immer noch verstörte Katharina ab.

«Du lebst ja noch, Muckelchen! Wer hätte das gedacht? War's schön?»

«Ja.» Katharina wurde schwer in ihren Armen.

«Ich hab dir Schokoladensuppe gekocht. Ist das gut?»

«Jaa ...» Katharina legte ihren Kopf auf Astrids Schulter und steckte den Daumen in den Mund.

«So müde?»

«Will sslafen!»

Toppe schloss die Haustür. «Hör zu, Astrid, es tut mir Leid, ich weiß auch nicht, was ...»

«Vergiss es!» Ihre Lippen bebten. «Ich bring sie ins Bett, sie ist viel zu müde zum Essen. Und danach geh ich nochmal weg.»

Er nickte. «Natürlich.»

Peter Cox fand keine Ruhe.

Wie jeden Dienstag hatte er seine Bettwäsche gewechselt und einen frischen Schlafanzug rausgelegt. Danach hatte er Irina eine lange Mail geschickt, ihr von den Fortschritten im Mordfall Geldek erzählt – natürlich ohne Namen zu nennen – und auch aus seiner Verwirrung keinen Hehl gemacht.

Seinen allabendlichen Becher Ovomaltine hatte er wie immer mit einer Prise Muskat gewürzt und es sich damit in seinem Ohrensessel bequem gemacht, um die «Tagesthemen» zu schauen, aber er konnte sich einfach nicht konzentrieren.

Es war ihm unbegreiflich, dass Astrid aus dem hohlen

Bauch heraus mitten in die zwölf getroffen hatte, wie es schien. Und die anderen wunderten sich nicht einmal.

Er schaute auf die Uhr und haderte eine Weile mit sich selbst. Schließlich ging er zum Bücherregal, zog den Brockhausband *BEG – DAM* heraus und entnahm seinem Vorrat für «Krisensituationen» ein kleines Stückchen belgischen Konfekts und eine gelbliche Zigarette russischen Ursprungs.

«Nervennahrung», dachte er. Danach würde er bestimmt schlafen können.

Arend Bonhoeffer stammte aus einer wohlhabenden westfälischen Akademikerfamilie. Er war ebenso alt wie Toppe und lebte seit vielen Jahren mit einer bekannten Malerin zusammen. Seine Leidenschaft galt gutem Essen, gutem Wein, kostbaren Erstausgaben und englischen Autos. Früher hatten Toppe und Astrid sich regelmäßig mit ihm getroffen, sie hatten gemeinsam gekocht und gegessen und oft bis in den frühen Morgen über Gott und die Welt geredet.

Als er die Haustür öffnete, schaute er Astrid nur kurz an, zog sie dann wortlos in seine Arme und drückte tröstend ihren Kopf an seine Schulter.

«Wollen wir uns nach draußen setzen?», fragte er nach einer Weile. «Ich hab schon Wein aufgemacht.»

«Ich muss doch noch fahren», antwortete Astrid mit dünner Stimme.

«Wozu gibt es Taxis? Mach einem einsamen Mann die Freude, ja? Ich bin nämlich mal wieder Strohwitwer, Sofia bereitet in Stuttgart eine Ausstellung vor.»

Im Vorübergehen nahm er eine Rotweinkaraffe und zwei Burgundergläser von der Anrichte mit.

In der gemauerten Feuerstelle auf der Terrasse loderte ein Holzfeuer.

«Tut mir Leid, dass ich dich einfach so überfalle, aber ich weiß mir keinen Rat mehr, ich muss einfach mit jemandem reden.» Astrid fuhr sich durchs Haar. «Helmut zieht sich völlig von mir zurück. Wenn ich versuche, an ihn ranzukommen, lauf ich ins Leere. Er ist deprimiert, irgendwie vollkommen stumpf, meistens jedenfalls. Mittlerweile glaube ich, er will sich von mir trennen, aber ich weiß nicht, warum. Ich weiß nicht, was ich falsch mache.»

Bonhoeffer füllte die Gläser und zögerte einen Moment. «Du machst gar nichts falsch, Astrid. Es liegt an Helmut, nicht an dir.»

Sie begrub ihr Gesicht in den Händen. «Aber ich verstehe es nicht. Solange wir alle auf dem Hof gelebt haben, lief es doch gut mit uns, sehr gut.»

Bonhoeffer streckte die Beine aus, schaute ins Feuer und drehte das Weinglas zwischen den Händen. «Was weißt du eigentlich von Helmut, wie er groß geworden ist, seine Eltern, seine Kindheit?»

«So gut wie nichts. Ich weiß eigentlich nur, dass er ein Einzelkind war, dass sein Vater früh gestorben ist und dass seine Mutter ihn wohl ziemlich verwöhnt hat.»

«So kann man es auch ausdrücken!» Bonhoeffer schnaubte. «Ich habe seine Mutter noch gekannt. Sie war eine verbitterte Frau, die Helmut entsetzlich unter der Knute hatte, moralisch meine ich.» Er überlegte einen Moment. «Helmuts Vater ist als sterbenskranker Mann aus dem Krieg zurückgekehrt, er hatte Lungentuberkulose», fuhr er dann fort. «Die Mutter hatte panische Angst, dass Helmut sich anstecken könnte, und hat ihn nicht mal in die Nähe des Vaters gelassen. Helmut hat seinen Vater nie anfassen dürfen, er ist nie von ihm in die Arme genommen worden, hat nie auf seinem Schoß gesessen. Und die Mutter hat darauf geachtet, dass Helmut leise war, nicht herumtobte, nicht laut lachte, damit der Kranke nicht gestört wurde. Bestimmt hat Helmut sich angestrengt, aber er war eben ein kleiner Junge, beim Tod des Vaters erst vier Jahre alt, und er konnte nicht perfekt sein. Ich bin sicher, er hatte Schuldgefühle, als der Vater starb, und ich bin mir ebenfalls sicher, dass die Mutter ihm die nicht genommen hat, eher im Gegenteil.»

Astrid schluckte. «Woher weißt du das alles? Wieso hat er dir das alles erzählt und mir nicht?»

Arend Bonhoeffer strich ihr beschwichtigend über die Hand. «Wir haben so manche Nacht durchgezecht, als wir noch jung waren, da wird die Zunge schon mal locker. Und du darfst nicht vergessen, dass seine Mutter damals noch war und ihm das Leben schwer machte, das musste er irgendwo loswerden. Die Frau war ein wandelnder Vorwurf. Natürlich hatte sie hart arbeiten müssen, um sich und das Kind durchzubringen und Helmuts Ausbildung zu finanzieren, aber das hat sie ihren Sohn auch spüren lassen, immer.»

Astrid kämpfte mit den Tränen.

Bonhoeffer bückte sich zum Feuer und legte ein paar Holzscheite nach. «Helmut hat sich nie geliebt gefühlt.» Er drehte sich zu Astrid um. «Er hält sich nicht für liebenswert, und deshalb mag er auch nicht glauben, dass du ihn liebst.»

Sie schüttelte heftig den Kopf. «Wir sind seit über sieben Jahren zusammen, Arend, und die ganze Zeit ist es gut gegangen.»

«In der Wohngemeinschaft, sicher.» Er kam zum Tisch zurück und setzte sich wieder. «Da waren genug Leute da, die sich um dich kümmerten, die dich gern hatten, dir Geborgenheit gaben. Ich denke, so hat Helmut das empfunden. Und jetzt hat er das Gefühl, dass er ganz allein für dein Glück verantwortlich ist.»

«Das ist doch hirnrissig!»

«Natürlich ist das hirnrissig.»

Sie kaute auf ihrem Daumennagel herum. «Du meinst, er ist davon überzeugt, dass ich ihn eines Tages sowieso verlasse, und deshalb zieht er sich vorsichtshalber schon mal von mir zurück, damit es dann nicht so wehtut?»

«Das ist eine Möglichkeit. Oder aber er treibt dich mit seinem Verhalten so weit, dass du es nicht mehr aushältst und gehst, und damit wird er in seiner Überzeugung bestätigt: Man liebt mich nicht, weil ich es nicht wert bin.»

«Aber das ist krank, Arend», schluchzte sie auf.

Er griff nach ihrer Hand, aber sie merkte es gar nicht, starrte ins Leere. «Deshalb verhält er sich auch so paradox mit Katharina», murmelte sie. «Einerseits klammert er und andererseits ...»

«Ich habe mich gewundert, dass Helmut sich überhaupt so eine enge Bindung an Katharina gestattet hat», meinte Bonhoeffer. «Zu seinen Söhnen hat er erst gar keine Beziehung aufgebaut, die hat er nur versorgt. Deshalb habe ich auch gedacht, er hätte sich endlich in den Griff gekriegt.»

Astrid biss sich auf die Lippen. «Jetzt kapier ich auch, warum er den Escherfall unbedingt lösen will.» Sie erzählte von der Entführung und von Toppes Besessenheit. «Ich hatte immer das Gefühl, er sieht in dem kleinen Mädchen seine eigene Tochter.»

Bonhoeffer ging, um eine neue Flasche Wein zu holen. Als er zurückkehrte, saß Astrid mit geschlossenen Augen da. «Ich bin auf einmal todmüde.»

«Du kannst gern bleiben, ich richte dir das Gästezimmer.»

«Das ist lieb, danke. Aber Weglaufen bringt's wohl nicht. Außerdem will er ja anscheinend genau das erreichen. Den Teufel werd ich tun!»

Bonhoeffer lächelte.

Achtzehn   Zum ersten Mal seit Wochen hatte sie tief geschlafen, sie wusste nicht, was sie geträumt hatte.

Als sie beim Frühstück saßen, horchte sie in sich hinein. Helmut dachte, sie wäre gestern Abend reiten gewesen, sie ließ ihn in dem Glauben, auch wenn es ihr wie Betrug vorkam, aber sie brauchte Zeit. Im Augenblick wusste sie nicht, wie es mit ihnen weitergehen sollte, ja, sie war sich nicht einmal sicher, ob sie wollte, dass es mit ihnen weiterging. Sie beobachtete ihn, wie er Katharina ein Brot strich, er mimte den Anwesenden, saß aber nach wie vor unter seiner Glasglocke.

Sie richtete sich auf. Zuallererst würde sie mit Peter und Norbert den Fall abschließen, danach sah man weiter.

Es war van Appeldorn, der sie begleitete, als sie noch einmal zum Kaufhof fuhr, um mit Schönfelders Kollegen zu sprechen.

«Keine Ahnung, wohin Bastian gefahren ist.» Das war der Auszubildende, ein schlaksiger Junge mit einem prächtigen Pickel am Kinn, den er mit einem zu hellen Abdeckstift übermalt hatte. «Ich weiß bloß, dass er sonst immer in Renesse gewesen ist, schon als er noch klein war, genau wie ich. Meine Eltern haben da einen Wohnwagen stehen.»

«Hat Bastian Schönfelder zu irgendwem hier im Betrieb näheren Kontakt?», fragte Astrid.

Der Junge bemühte sich. «Der spricht öfters mal mit der Frau Kuhlmann aus der Kosmetik, aber sonst ...»

«Die Kosmetik ist im Erdgeschoss, oder?» Astrid schüttelte dem Jungen die Hand. «Danke Ihnen!»

Sie waren fast schon an der Treppe, als van Appeldorn sie am Arm festhielt. «Der ist in Renesse!»

«Das wird er sich doch nicht antun», sagte Astrid ungläubig. «Seine Familie ist dort umgekommen!»

«Schönfelder ist jedes Jahr nach Renesse gefahren. Du hast doch selbst erzählt, was seine Mutter gesagt hat: Er tut so, als wäre gar nichts passiert.»

«O Gott!»

Er fasste sie bei der Hand. «Komm, wir fahren zu seiner Mutter. Die wird wissen, wo Schönfelder in Renesse immer gewohnt hat.»

Cox und Toppe hatten sich die wenigen Habseligkeiten aus Schönfelders Wohnung vorgenommen. Toppe blätterte die Alben durch, während Cox in dem Karton kramte, den sie im Keller gefunden hatten. Plötzlich zog er scharf die Luft ein. «Guck dir das hier mal an!» Er reichte Toppe ein Foto, 18 × 24 cm groß.

Toppe wich alle Farbe aus dem Gesicht. «Alina Escher», sagte er tonlos. Seine Hände zitterten.

«Das entführte Mädchen?», fragte Cox perplex.

Das Kind hielt mit verkrampften Fingern eine Zeitung, eine *Niederrhein Post*, mit der Schlagzeile *Wieder mehr Gewalttaten in Deutschland*.

Toppe öffnete die Schreibtischlade und tastete nach seiner Lupe.

Die Zeitung war vom 12. Juni 1997.

«Das ist der Tag, an dem sie entführt wurde!»

«Jetzt versteh ich überhaupt nichts mehr.» Cox rang um Fassung. «Der Schönfelder hat das Mädchen entführt?»

Toppe rieb sich den Nacken, ihm war übel. «Was ist sonst noch in dem Karton?»

«Nicht viel, ein Stapel Fotografien, alles Landschaftsaufnahmen, Bäume, neblige Wiesen, Kühe und so was und ein paar Kataloge für Fernreisen. Das Bild von dem Mädchen steckte zwischen diesen Prospekten.»

Wieder starrte Toppe auf das Foto. Es war in einem Raum mit unverputzten Wänden aufgenommen, bröckeliges Mauerwerk, von schräg oben fiel Licht herein. Alina saß auf dem nackten Boden und schaute mit großen Augen eher verwirrt als ängstlich in die Kamera – Kinderaugen, der Spiegel der Seele.

Ein scharfer Stich durchfuhr ihn. Spiegel! Wieder nahm er die Lupe. In Alinas Pupillen erkannte man eine Silhouette. Die Silhouette des Menschen, der sie fotografiert hatte, ihren Entführer!

Er stand auf. «Ich muss zu van Gemmern.»

Frau Schönfelder zupfte nervös an ihrem Blusenkragen. «Wir wohnen immer im Hotel *pelikaan*, und die Kinder haben sich da auch immer ein Zimmer genommen. Aber ich verstehe, ehrlich gesagt, nicht, warum Sie meinen Jungen unbedingt sprechen wollen. Hat er was ausgefressen?»

«Das wissen wir noch nicht», antwortete van Appeldorn barsch. «Sie haben nicht zufällig Adresse und Telefonnummer von diesem Hotel da?»

«Doch, sicher ...» Sie verharrte unschlüssig, nahm dann aber ein ledergebundenes Register vom Telefontischchen und schlug es auf. «Hier.»

Van Appeldorn notierte.

«Bitte, ich ... ich ...», stammelte die Mutter. «Sie können mich doch nicht einfach so stehen lassen. Sie müssen mir doch sagen, was los ist.»

Astrid schlug die Augen nieder. «Machen Sie sich keine Sorgen.»

Im Auto tippte van Appeldorn sofort die Nummer in sein Mobiltelefon.

«Guten Tag! Ich möchte Herrn Bastian Schönfelder sprechen.»

«Einen Augenblick, bitte.»

Beethovens «Für Elise» dudelte ihm digital ins Ohr. Genervt verdrehte er die Augen.

«Hallo? Ich höre eben, dass Herr Schönfelder nicht da ist. Tut mir Leid, mein Herr.»

«Was meinen Sie mit ‹nicht da›?»

«Pardon?»

Wieder verdrehte van Appeldorn die Augen. «Fangen wir anders an. Bastian Schönfelder wohnt zurzeit bei Ihnen?»

«Wer sind Sie?», kam es misstrauisch zurück.

«Van Appeldorn von der Mordkommission in Kleve.»

«Pardon?»

«Recherche uit Kleef», rief van Appeldorn.

Der Mann am anderen Ende der Leitung lachte. «Nun, das kann jeder sagen.»

Van Appeldorn knirschte mit den Zähnen. «In Ordnung, dann rufe ich jetzt meine Kollegen in Renesse an. Die stehen in zehn Minuten bei euch auf der Matte.»

Es blieb kurz still. «Herr Schönfelder lebt bei uns im Hotel», sagte der Mann dann schnell. «Aber er ist ausgegangen, vor eine halbe Stunde ungefähr.»

«Geht doch! Und wann kommt er zurück?»

«Tut mir Leid, mein Herr. Wissen Sie, wir sind ein Hotel, kein concentratiekamp.»

Van Gemmern war in seinem Labor und arbeitete mal wieder an fünf Sachen gleichzeitig. Begeistert war er nicht, als Toppe mit dem Foto kam, aber er schaute es sich doch gnädig an. «Natürlich kann man ein Auge so stark vergrößern. Mit der entsprechenden Ausrüstung geht das auch digital. Wenn man das Bild hoch auflösend scannt ... mindestens 800 pp ...», murmelte er. «... mit genügender Tiefenschärfe ...»

Toppe trat von einem Fuß auf den anderen. «Kannst du das machen?»

«Hier bestimmt nicht», meckerte van Gemmern. «Guck dir doch den jämmerlichen Kram an, der hier rumsteht. Alles von anno Tobak.»

Toppe versuchte, mitfühlend auszusehen. «Aber?»

«Aber», meinte van Gemmern und grinste, «weil du's bist, und weil mir die Idee gefällt. Bei mir zu Hause stehen ein netter kleiner Macintosh mit Photoshop und ein ganz großartiger Scanner. Bis wann brauchst du es?»

«Sofort!»

Van Gemmern seufzte. «Warum habe ich überhaupt gefragt?»

Toppe klopfte ihm auf die Schulter. «Du hast was gut bei mir.»

«Du meinst, ich darf mir was wünschen?»

«Klar!»

«Prima, dann back mir doch bitte endlich einen Assistenten. Und wenn's nicht zu unbescheiden ist, einen, der was auf der Pfanne hat und keine Widerworte gibt.»

Grübelnd kehrte Toppe ins Büro zurück.

«Halt dich fest», schmetterte Cox ihm entgegen. «Norbert und Astrid haben sich gemeldet. Der Schönfelder ist in einem Hotel in Renesse. Sie sind schon auf dem Weg zu ihm.»

«Gut, gut», antwortete Toppe zerstreut. Er hatte keine Ruhe, sich hinzusetzen, ging zum Fenster und trommelte mit den Fingern gegen die Scheibe.

«Und was wolltest du bei van Gemmern?»

«Er soll versuchen, Alinas Augen auf dem Foto so stark zu vergrößern, dass man erkennen kann, wer sich darin spiegelt.»

«Geniale Idee!» Cox' Bewunderung war ehrlich gemeint. «Das könnte hinhauen, wenn man einen guten Scanner hat und ein anständiges Programm.»

«Das hat Klaus wohl alles bei sich zu Hause. Er ist gleich losgefahren.»

Cox packte seine Schokoladenstücke aus. «Dann bleibt uns beiden wohl nichts anderes übrig, als zu warten, in zweifacher Hinsicht. Erzählst du mir, was es mit dieser Entführung auf sich hat?»

Toppe gab sich geschlagen, setzte sich endlich und berichtete ausführlich bis hin zu der Hypothese, die Stein, Escher und er gestern aufgestellt hatten.

«Kannst du dir vorstellen, dass so ein Typ wie Schönfelder in Frauenhandel macht?», fragte Cox.

«Nein, eigentlich nicht.»

«Ich glaube auch nicht, dass der rumläuft und Kinder entführt.»

«Wir wissen nicht sehr viel über Schönfelder», gab Toppe vage zu bedenken.

Er schaute auf die Uhr. Van Gemmern war erst vierzig Minuten weg.

«Ich geh Kaffee kochen.»

«Hummeln im Hintern», feixte Cox. «Kann ich dir nicht verdenken. Ich werde inzwischen mal unsere Flipcharts wegräumen. Die brauchen wir ja doch nicht mehr.»

«Bloß nicht, solange wir den Fall nicht abgeschlossen haben. Das bringt Unglück», warnte Toppe im Hinausgehen.

«Bringt Unglück», moserte Cox vor sich hin. «Bringt Unglück, hab so ein Gefühl, Intuition, Gevatter Zufall ... Ich fasse es nicht! Der bringt es fertig und klärt eine vier Jahre alte Entführung auf, an der sich eine Riesensoko vergeblich die Zähne ausgebissen hat, tss!»

Van Gemmern kam um 11 Uhr 38, und irritierenderweise strahlte er über das ganze Gesicht, als er Toppe einen piekfeinen Abzug auf den Schreibtisch legte.

Toppe hielt den Atem an. Er sah einen Mann in Jeans

und T-Shirt. Sein langes Haar, das er zu einem Pferdeschwanz zusammengebunden hatte, war, bis auf eine schwarze Strähne über dem linken Auge, schlohweiß.

«Hellinghaus», flüsterte Toppe. «Jörg Hellinghaus!»

«Wie? Nicht Schönfelder?» Cox schaute ihm über die Schulter.

«Ich bin dann weg!» Van Gemmern verschwand, so rasch er konnte.

«Wenn ich dich richtig verstanden habe, kennst du den Mann auf diesem Foto.» Cox' Stimme klang ein wenig gepresst.

«Ja», antwortete Toppe benommen. «Der Mann heißt Hellinghaus. Er ist ...»

Weiter kam er nicht, denn die Tür wurde aufgerissen, und herein stürzte Clemens Böhmer, ein offenbar sehr, sehr wütender Clemens Böhmer.

«Ich will dir mal was sagen, du aufgeblasener Bulle, du», schnauzte er. «Ich bin hier, um mich zu beschweren, so! Was du da gestern mit mir abgezogen hast! Als wär ich ein Kinderficker! Aber so was lass ich mir nicht mehr bieten, ist das klar? Ich mach für keinen mehr den Karl Arsch!»

«Es reicht, Böhmer», schnauzte Toppe zurück. «Halten Sie den Mund!»

Aber Böhmer war viel zu sehr in Rage. «Ich habe die Schnauze gestrichen voll! Mich willst du anpissen, aber so ein Verbrecher wie Hellinghaus, der läuft frei rum, und ihr kriecht dem auch noch in seinen noblen Hintern. Nobel? Ich lach mich kaputt. Ein gottverdammter Frauenhändler ist der!»

«Hellinghaus?» Cox entglitten sämtliche Gesichtszüge.

«Wie bitte?», rief Toppe. «Jetzt mal ganz ruhig, Herr Böhmer. Setzen Sie sich. Und du», drehte er sich zu Cox, «guckst im Telefonbuch nach, wo Jörg Hellinghaus wohnt.»

«Wieso?» Cox verstand überhaupt nichts mehr.

«Tu's einfach!»

Böhmer hatte neue Luft geholt. «Bitte nicht schreien.» Toppe hob die Hände. «Hellinghaus ist also ein Frauenhändler. Und woher wissen Sie das?»

Böhmer ballte die Fäuste, seine Unterlippe zitterte. «Ich hab mal gesessen. Für was, was ich gar nicht getan hab! Die haben mich eiskalt abgezockt. Ich durfte mal wieder ...» Er unterbrach sich und bekam die Kurve. «Im Knast lernt man Typen kennen, die eine Menge wissen. Von denen hab ich das mit Hellinghaus. Der hat in einer ganz großen Sache mit dringehangen. Deswegen ist er die letzten Jahre auch abgetaucht gewesen. War wohl eine ganze Bande, die haben Mädchen verschleppt aus Polen oder so, und der Hellinghaus hat deutsche Männer gekauft, damit die die Mädchen heiraten, wegen den Papieren, und danach hat er die Frauen in den Puff gebracht. Der ist einer von den Oberbossen gewesen, aber den hat keiner am Arsch gekriegt. Und so ein Flachwichser packt Ihre Frau an, und da sagt keiner was. Finden die alle noch geil. Und mich wollen Sie abstempeln als Sittich, als Perversen!» Er verschluckte sich und hustete.

«Im Telefonbuch steht kein Jörg Hellinghaus», meldete sich Cox. «Im ganzen Kreis nicht. Da gibt es bloß ein Fotoatelier Karl Hellinghaus hier bei uns auf der Kavarinerstraße.»

Böhmer holte wieder Luft, aber Toppe sah ihn streng an und wählte Astrids Handynummer.

«Hat Hellinghaus 1997 im Dreitürmehaus gewohnt?», fragte er schroff.

«Wie bitte? Hellinghaus? Ich verstehe kein Wort!»

«Hat er oder hat er nicht?»

«Doch, ja, früher hatte er mal die Penthousewohnung da.»

«Wunderbar! Und wo wohnt er jetzt?»

«Keine Ahnung! Wir sind jetzt fast in Renesse und ...»

Aber Toppe legte einfach auf und sah Cox an. «Der Kellerraum war doch für zwei Wohnungen, oder?»

Cox klappte den Mund zu. «Welcher Kellerraum?» Er schwitzte. «Ach so, Keller 10 für Wohnungen 3 und 4.»

«Das erklärt's.» Toppe fummelte fahrig eine Zigarette aus dem Päckchen.

«Hellinghaus wohnt im Moment noch bei seinen Eltern auf der Kavarinerstraße, bis er ein passendes Haus gefunden hat», sagte Clemens Böhmer schlicht. «Was haben Sie da eigentlich für komische Fotos?»

«Ich häng mich weg», kam es dumpf von Cox.

«Das tust du nicht», entgegnete Toppe scharf. «Wir schicken eine Streife hin, die ihn einkassiert und sofort herbringt!» Er hatte den Hörer schon in der Hand.

An der Rezeption des Hotels *pelikaan* saß eine junge Indonesierin.

«Guten Tag!» Van Appeldorn hatte sein jovialstes Lächeln aufgelegt. «Ich habe vor etwa zwei Stunden mit Ihrem Kollegen gesprochen. Ist der da?»

Bedauerndes Kopfschütteln. «Es tut mir sehr Leid, mein Herr, aber der ist in der Mittagspause.»

«Zu schade, ich hätte so gern ein paar Worte mit ihm gewechselt.»

Astrid knuffte ihn in den Rücken. Die holländischen Kollegen, die sie telefonisch um Amtshilfe gebeten hatten, waren soeben vorgerollt.

«Okay.» Van Appeldorn hatte sich wieder besonnen. «Wir suchen Herrn Schönfelder, Bastian Schönfelder. Ist er inzwischen im Hause?»

«Oh, nein. Er sitzt in dem Café gegenüber, wo er immer sitzt, den ganzen Tag», antwortete sie, Trauer im Blick. «Ich weiß nicht, ob Sie wissen, dass ...»

«Wir wissen. Komm, Astrid!»

Die holländischen Polizisten stiegen gerade aus dem Auto, schüttelten sich aus über irgendeinen Witz.

Bastian Schönfelder saß an einem Fenstertisch und starrte blicklos auf den Zebrastreifen.

Er spürt das Auto, bevor er es sieht.

Aber sie schiebt den Kinderwagen beschwingt auf die Straße, ihren lächelnden Blick auf das kleine Gesicht geheftet.

Kein Bremsenquietschen, keine gellenden Schreie.

In Totenstille wird der Kinderwagen vom Kühler erfasst und hochgeschleudert.

Sie lässt ihn nicht los, klammert sich fest.

Das Baby, ihr Baby, wirbelt durch die Luft wie toll.

Totenstille. Nur ihre aufgerissenen Augen, als sie auf die Straße schlägt und der schwarze Reifen über ihren Kopf rollt.

Der Wagen verschwindet um die Ecke, kein Bremsenquietschen, keine gellenden Schreie.

Vor seinen Füßen ein blutiges Bündel ohne Gesicht – sein Kind.

«Herr Schönfelder?» Van Appeldorn trat vor. «Ich muss Sie bitten, mit uns zu kommen. Sie stehen unter dem Verdacht, Eugen Geldek erschlagen zu haben.»

Schönfelder sah nicht einmal hoch. Mit ruhiger Hand zog er sein Portemonnaie aus der Hecktasche, zählte sorgfältig ein paar Münzen ab und legte sie auf den Tisch. «Ist schon gut.»

Look kam über Funk. «Der Typ, den ihr sucht, ist nicht da. Seine Eltern wissen auch nicht, wo er steckt. Aber kann mir bitte einer von euch erklären, was der für'n Kaliber ist. Ich mein, man würd schon gern wissen, woran man ist, wenn man jemand ohne Haftbefehl einkassieren soll.»

«Ich glaube nicht, dass du eine kugelsichere Weste brauchst», sagte Cox, «aber ich geb dich lieber mal weiter an den Chef.»

«Bleibt dort», sagte Toppe. «Postiert euch einfach vor dem Haus und wartet.»

«Sie sind gut! Mitten in der Fußgängerzone! So was von unauffällig!»

«Das ist mir schnurzpiepe. Hauptsache, ihr haltet ihn fest, wenn er zurückkommt. Um jeden Preis!»

«Schnurzpiepe?», murmelte Look und tippte sich an die Stirn. «Um jeden Preis? Wie ist der denn drauf?»

«Ich geb ihn in die Fahndung», sagte Toppe grimmig.

«Tu das.» Cox betrachtete seinen Kollegen fasziniert. «Du hast tatsächlich Recht gehabt mit deiner Theorie!

Dass es um eine aktuelle Geschichte bei Escher ging, meine ich, und mir erschien das völlig abgedreht. Und sogar das mit dem Frauenhandel kommt hin!»

Als Toppe nicht antwortete, beugte er sich wieder über das Foto von Alina mit der Zeitung in den Händen.

«Wo kann das aufgenommen worden sein? Irgendein altes Gemäuer jedenfalls. Hier an der Seite sind ein paar Steine rausgebröckelt.»

Toppe nickte. «Und von oben fällt Licht herein.»

«Ich glaube, ich weiß, wo das ist», sagte Böhmer.

Sie fuhren hoch. «Sie sind ja immer noch da!»

Böhmer lächelte schief. «Sie haben nicht gesagt, dass ich gehen soll. Jedenfalls, unten an der Kavarinerstraße sind überall so alte Gewölbekeller in den Hang reingebaut, hab ich mal gehört. Da waren wohl mal Kneipen früher, im Mittelalter oder so, und die haben in den Kellern ihr Bier gekühlt. Das Foto hier könnte doch gut in dem Keller vom Elternhaus von diesem Arschloch gemacht worden sein. Ich mein, wenn ich mir das so angucke, ist das ja schon irgendwie profimäßig, das Foto. Und der Hellinghaus ist ja wohl von Haus aus Fotograf, wenn er nicht gerade Mädchen vertickt.»

«Verdammt!» Cox klopfte ihm anerkennend auf die Schulter.

Toppe sah auf seine Hände. «Herr Böhmer, es tut mir wirklich Leid, dass ich Sie so falsch eingeschätzt habe. Ich habe Ihnen Unrecht getan, und ich möchte mich dafür entschuldigen.»

«Geht klar, schon gut.» Böhmer rutschte unbehaglich auf seinem Stuhl herum. «In Ordnung, wirklich.»

«Wollen wir los?» Cox war schon an der Tür.

Toppe griff nach seiner Jacke, Böhmer sprang auf. «Kann ich mit?»

«Das geht leider nicht. Aber wir sehen uns ja auf dem Reiterhof.»

Karl Hellinghaus stolzierte gockelhaft vor ihnen her. «Meine Frau musste sich auf den Schrecken erst einmal hinlegen: Polizei im Haus! Und jetzt auch noch die Kripo. Zum Keller geht es hier entlang. Ich verstehe das zwar alles nicht, aber bitte, bitte! Doch, doch, da gibt es ein altes Gewölbe. Habe ich aber gleich zusperren lassen, als wir das Haus vor dreißig Jahren gekauft haben. Wegen des Ungeziefers und der Ratten, wissen Sie.»

Er brachte sie zu einer dicht schließenden Sicherheitstür aus Stahl.

«Gibt es einen Schlüssel?», fragte Toppe.

«Die ist nicht abgeschlossen. Sie müssen einfach nur den Hebel nach unten drücken.»

Die Tür schwang auf, vor ihnen lag ein sicher sechs Meter langer, unglaublich schmaler Gang, an dessen Ende dünnes Licht schimmerte.

«Da passen wir niemals durch», flüsterte Cox, Panik in der Stimme.

«Blödsinn!» Toppe drückte entschlossen Rücken, Arme und Hände gegen die Wand und schob sich seitwärts voran. «Hier wird's ein bisschen breiter.» Cox schnaufte nur.

Endlich! Ein großes, sehr hohes Gewölbe, mindestens acht Meter breit und zwölf Meter lang, rohe Backsteinwände, gestampfter Lehmboden, hart wie Beton, in der

Mitte der meterdicken Decke ein Lichtschacht mit einem engmaschigen Gitter abgedeckt. Es war trocken und kühl. Über die ganze Länge des Raumes verliefen wie Schienen in etwa achtzig Zentimetern Abstand zwei erhöhte Ziegelreihen, an deren Ende eine Grube, über einen Meter tief.

Da lag sie. Eine Leiche, vollkommen skelettiert, winzig klein.

Cox schnappte nach Luft.

«Kannst du ...» Toppe musste sich räuspern. «Kannst du Bonhoeffer und van Gemmern anrufen? Sie sollen so schnell wie möglich kommen. Und wir brauchen Licht.»

«Ja! Und du setzt dich irgendwohin. Du siehst aus wie der Tod.»

Toppe nickte und ging auf die Knie. Ein so kleiner Schädel, dünne, zerbrechliche Knochen, die Finger gekrümmt. Vor Schmerz? Vor Angst? Er hörte Cox in sein Handy sprechen, stand auf und stolperte zum Lichtschacht. Da war die Stelle an der Wand, wo die Steine rausgebröckelt waren. Hier war das Foto gemacht worden. Er setzte sich, lehnte sich mit dem Rücken gegen die Wand und schloss die Augen. Escher, er musste Escher anrufen. Zu früh, mahnte er sich selbst, viel zu früh.

Das Foto, Hellinghaus hatte also wirklich vorgehabt, es wie eine echte Entführung aussehen zu lassen. Aber warum hatte er es nicht abgeschickt? Was war passiert? Und wie hatte er diesen Karton im Keller seiner Wohnung vergessen können? Er musste sehr überstürzt abgetaucht sein.

Cox hockte sich neben ihn.

Sie warteten schweigend.

Van Gemmern kam als Erster. Dürr, wie er war, hatte er keine Probleme, durch den engen Gang zu kommen, aber sie hörten ihn leise fluchen, weil die Stative für die Beleuchtung sich verkantet hatten. Toppe stand auf, um ihm zu helfen. Gemeinsam richteten sie das Licht ein, van Gemmern brachte Markierungsplättchen an und fing an zu fotografieren. Er stellte keine Fragen.

Anders Bonhoeffer. Er warf einen Blick in die Grube und sah dann Toppe an. «Ist das dein entführtes Mädchen?»

«Da bin ich mir ganz sicher», antwortete der und stutzte dann. «*Mein* entführtes Mädchen? Wie meinst du das?»

Bonhoeffer zuckte nur die Achseln und ließ sich in die Grube hinab. Lange Zeit schaute er nur, dann nahm er sein Diktaphon: «Kindlicher Leichnam, weiblich, vollkommen skelettiert. Frontalnaht am Schädel noch nicht geschlossen, also zum Todeszeitpunkt unter acht Jahre alt. Wirbelkörper mit radiären Rillen, Oberarmknochen ohne Kopfanteil wegen noch nicht vorhandener Knochenkerne, Spuren von Tierfraß an beiden Unterarmen.» Er drückte auf die Stopptaste. «Hilft du mir, Klaus? Miss doch mal die Schienbeinlänge.»

«13,9.»

«Tibialänge × 3 + 60, macht 101,7 cm. Das bedeutet, sie muss ungefähr vier Jahre alt gewesen sein.»

«Todeszeitpunkt?», fragte Toppe.

«Nach dem Zustand der Leiche und den klimatischen Bedingungen würde ich sagen, vor vier bis fünf Jahren. Habt ihr ein Foto von dem entführten Kind?»

«Mehrere.»

«Dann werden wir sie mittels Superimposition sicher identifizieren können.»

«Todesursache?»

«Es gibt keinerlei Anzeichen von äußerer Gewalteinwirkung.»

«Da bleibt noch genug anderes», murmelte Cox. «Verdurstet, vergiftet, erwürgt, erstickt.»

«Moment mal.» Bonhoeffer beugte sich wieder über das tote Kind. «Sie hat einen Beckenbruch.»

«Und was bedeutet das?» Toppe kam näher.

Bonhoeffer richtete sich auf. «Möglicherweise ist sie in diese Grube gestürzt, das reicht für einen Beckenbruch. Dabei kommt es zu einem hohen Blutverlust.»

«Du denkst, sie ist verblutet?»

«Wenn ich mir den Boden der Grube so angucke, sieht es ganz danach aus.»

«Wie lange dauert es, bis man an einem solchen Bruch verblutet ist? Ich meine, irgendwann wird man doch bewusstlos, oder?»

«Ja», antwortete Bonhoeffer leise. «Bei einem Kind in dem Alter, bis es bewusstlos wird, ich würde sagen, nach anderthalb bis zwei Stunden.»

Toppe drehte sich abrupt um. «Ich muss hier raus.» Aber sein vibrierendes Handy hielt ihn zurück.

«Look hier! Wir haben den Kerl. Kommt gerade ganz normal nach Hause. War bloß eben in Holland Zigaretten kaufen, sagt er.»

«Bringt ihn her», bellte Toppe. «In den Keller. Dort ist eine Stahltür, dahinter ein schmaler Gang, da durch. Bringt ihn her!»

Jörg Hellinghaus' Gesicht war eine grinsende Fratze. «So sieht man sich wieder.»

Er trat an die Grube und schob die Hände in die Hosentaschen. «Als ich wiederkam, war sie tot, einfach so. Was nutzte sie mir da noch?»

Es brauchte vier Mann, um Toppe zurückzuhalten.

Petra Hammesfahr

Petra Hammesfahr, 1951 geboren, lebt als Schriftstellerin und Drehbuchautorin in Kerpen bei Köln. Mit ihren Romanen «Die Sünderin», «Der Puppengräber» und «Die Mutter» eroberte sie auf Anhieb die Bestsellerlisten.

Die Chefin *Roman*
(rororo 23132)
Betty Theissen leitet die Firma ihres Schwiegervaters und geht ganz in dieser Aufgabe auf. Als ihr Mann die Existenz des Unternehmens durch seinen ausschweifenden Lebensstil aufs Spiel setzt, beschließt sie seinen Tod.

Roberts Schwester *Roman*
(rororo 23156)
Bei einem von ihrem Bruder verschuldeten Unfall wird das Leben von Mia Bongartz zerstört. Trotzdem ist ihr Robert wichtiger als jeder andere Mann. Dann ist Robert tot.

Die Sünderin *Roman*
416 Seiten. Gebunden
Wunderlich und als
rororo 22755
«Spannung bis zum bitteren Ende.» *Stern*

Der Puppengräber *Roman*
(rororo 22528)

Lukkas Erbe *Roman*
(rororo 22742)

Das Geheimnis der Puppe *Roman*
(rororo 22884)

Meineid *Roman*
(rororo 22941)
«Zwei Frauen, die Männer und der Tod... Überraschende Spannung, die man nicht mehr aus der Hand legen will.» *Für Sie*

Die Mutter *Roman*
400 Seiten. Gebunden
Wunderlich und als
rororo 22992
Vera Zardiss führt ein glückliches Leben: Mit ihrem Mann Jürgen ist sie vor Jahren in eine ländliche Gegend gezogen. Mit den Töchtern Anne und Rena wohnen die beiden auf einem ehemaligen Bauernhof. Die heile Welt gerät ins Wanken, als Rena kurz nach ihrem 16. Geburtstag plötzlich verschwindet ...

Der stille Herr Genardy *Roman*
(rororo 23030)

Der gläserne Himmel *Roman*
(rororo 22878)

Weitere Informationen in der **Rowohlt Revue**, kostenlos im Buchhandel, und im **Internet:** www.rororo.de

rororo / Wunderlich